4アウト

ある障害者野球チームの挑戦

平山 譲

Hirayama Yuzuru

中央公論新社

4アウト　目次

装画　太田侑子
装幀　中央公論新社デザイン室

人生、最後の最後まで野球とともに生きることができたら、
こんな幸せなことはない。

――『野球は人生そのものだ』長嶋茂雄著

4アウト

ラストイニング

どこからか突風が吹きつけて土煙《つちけむり》が高く舞い上がった。顔を伏せ、眼を細めてそれをやりすごしながら、東京ブルーサンダースの選手たちが三塁側ベンチへと歩いていた。相手チームの長かった最後の攻撃が終了した。項垂《うなだ》れ、肩を落とし、無言でひきあげてくるナインの様子は、「青い稲妻」というより、「青息吐息」「顔面蒼白」といった状態に近かった。

前年度準優勝チーム名古屋ビクトリー相手に、一対四。まだ最終回を残しているが、名古屋ビクトリーの一塁側ベンチではみなが綽然《しゃくぜん》たる笑顔で、勝利を確信しているようであった。無理もなかった。東京ブルーサンダースは結成以降連戦連敗で、「参加することに意義がある」チームだと、誰もが思っているのだから。

『僕らの甲子園《こうしえん》！　目指せ日本一！』

誰が持ちこんだものか、ネット裏の客席には、燃えるような赤い字が染めぬかれた長さ三メートルほどの白い横断幕が張られていた。

ここはしかし、「甲子園」ではない。

場所が違う。

同じ兵庫県内でも、大阪湾に面した西宮《にしのみや》市にある阪神《はんしん》甲子園球場ではない。日本海側の城崎《きのさき》郡日高《ひだか》町の山奥にある但馬《たじま》ドームは、かなりの野球通でも知るものは少ない。ドームといっても、札幌、東京、名古屋、大阪、福岡といった大都市にあるプロ野球のフランチャイズとは比べものにならず、狭小なグラウンドに、わずか千席ほどの固定座席がついているだけ。フィールドは人工芝でも天然芝でもなく、地肌に真砂《まさご》が平《なら》された簡素なもの。ドーム球場といっても、番傘《ばんがさ》のような蛇腹《じゃばら》のテフロンテントが被《かぶ》せられているだけで、巨《おお》きな山小屋といったふうな小規模球場である。

雰囲気も違う。

甲子園と聞くと熱気に満ちたアルプススタンドを想起するが、高校野球にはつきもののブラスバンドやチアガールがいないのはもちろん、この但馬ドームは試合中なのに客席が空《から》のまま。スポーツ紙の記者やカメラマンがこの大会に注目するはずもなく、場内はひっそりとして人気《ひとけ》が少ない。売店もなく、地元の主婦たちが豚汁《とんじる》をこしらえて無料でふるまっているものの、それに群がる者はおらず、味噌《みそ》の匂《にお》いがグラウンドにまでただよっている。ドーム内は静まりかえっており、キャッチャーミットに球が収まる音、球審の判定、野球を見ずに大鍋の前で談笑している主婦たちの声が、テフロンテントの屋根にむやみに大きく反響している。

季節も違う。

高校野球は春か、夏。だがいまは野球シーズンが終《おわ》った秋、しかも晩秋である。外野に客席はなく、フェンスのすぐ奥に森が見える趣向になっているが、落葉しつつある楓《かえで》や欅《けやき》が遠くまで見通せる景色は、いかにも寒々しい。この施設には夏こそ関西各地の大学体育会が合宿に訪れることで賑わいをみせるが、いまは雪が降りだしそうな十一月。施設周辺の山道には一時間に一本きりのワンマンバスが通過するだけで、通行人はいない。真夏の甲子園名物「かち割り氷」どころか、ドーム内の両軍ベンチには石油ストーブが焚《た》かれ、選手が背を丸めてそれに手をかざしつつ戦況を見つめている。

選手も違う。

ここに集《つど》っているのは、高校球児ではない。年齢はまちまちで、総じて若くはない。中年肥《ぶと》りでユニフォームがきつそうな走者もいれば、白髪《しらが》の内野手もいる。そして、プレーも高校球児の流麗《りゅうれい》さはない。とりわけ東京ブルーサンダースの動きは、守備にしろ、打撃にしろ、走塁にしろ、ぎこちなくて危なっかしい。投手は投げ終えた直後にぐらりと蹌踉《よろ》けたりする。内野手はゴロを前に落とすのが精いっぱい。打者はバットを片手で振るためになかなか当たらない。走者はタッチアップで還《かえ》れない。

「おまえら！」

三塁側ベンチから怒声が響いた。

「下を向くな、黙るな、元気出せ、……まだ終っちまったわけじゃねえんだから」

ベンチでナインを迎えた男は、一人だけユニフォームの上から青いジャンパーを羽織《はお》っている。年齢は三十代後半。背丈は高くないが、横幅では選手の誰にも負けていない。眼つきは勝負師の気鋭を宿しているものの、八の字眉《まゆ》と赤みがさして膨《ふく》よかな頬《ほお》が、親しみやすさを感じさせる。

ジャンパーの男は、センター後方にある得点掲示板に眼を遣《や》った。

三回を終えて、一対四。

時計の針は試合開始から一時間十五分経過したことを示している。

この大会は特別規定として、試合時間が一時間二十分を超過したら新たなイニングに入らない。よってつぎの四回表が、東京ブルーサンダースにとっての最後の攻撃となる。この一イニングで四点以上とらなければ、勝てない。しかも相手にはその裏の攻撃が残されているため、たとえ四点とっても勝てるとはかぎらない。ジャンパーの男はドームの天井を見上げて太息《ふといき》した。

この日より三年前、東京ブルーサンダースの監督を依頼されたとき、彼は断ろうとした。自分が監督をできないのではなく、選手たちが勝つための野球をできるわけがないと思った。なぜなら彼に野球を教えてほしいと頼んできたのは、身体《からだ》のどこかが不自由な障害者ばかりだったからである。キャッチボールも、トスバッティングも満足にできず、それどころか走ることさえままならない者もいた。球を投げたり、打ったり、追ったり、捕ったりと、多様な動きが要求される球技に対応できる身体障害者は多くない。最低九人揃《そろ》わなければ試合ができないのに、メンバーもなかなか集まらなかった。これまでは臨時部員で穴埋めして試合に臨んできたが、当然ながら敗《やぶ》れた。徹底的に敗れつづけた。

全日本身体障害者野球選手権大会。

この日、ブルーサンダースは初戦で敗退しそうになっている。前年度準優勝チームを相手に、三回までに四失点。いくつかの奇蹟《きせき》がかさならないかぎり、逆転の見込みはない。

もし、敗れても、どうということはない。世間の誰もが見向きもしない試合である。少しだけ残念で、帽子を赭土《あかつち》に投げつけたい衝動にかられるかもしれないが、この弱小チームの選手たちは悔しさを抑えて作り笑いすることにも慣れているはずである。守りきれないのは、いつものこと。攻めきれないのは、いつものこと。初戦敗退も、いつものこと。

けれども、ジャンパーの男だけは、俯《うつむ》いてはいなかった。最後の攻撃をまえに、右手に持った黄色いメガフォンで、左の掌《てのひら》を幾度も鳴らした。

「さあ――」

ベンチ前にしゃがみ、手招きをして選手たちを傍《そば》へ集めた。

「いいか、これで最後だぞ、泣いても笑っても、これで最後なんだぞ……」

選手たちの輪の中で、突然彼は立ち上がった。

「もう、おまえたちにいうことはない」

打撃の指示でも与えてもらえるのかと待っていた選手たちが、驚いた顔で彼を見つめた。

はんたいに、選手一人ひとりの顔を彼は見つめ返した。

やや沈黙があり、ふと頬をゆるめた。

「みんな、……手をつなごうじゃねえか」

唐突にそういうと、彼は真っさきに自らの近くに立っていた二人の選手の手をとって握りしめた。

そして、もういちど、くりかえした。

「みんな、手をつなごう」

選手たちが、手をつなぎはじめた。

それぞれ横にいる者の手をとり、徐々につながっていった。

片腕しかない者がおり、その選手は手をつなげなかったが、隣の選手が肩をぎゅっと抱きしめてくれたことで、輪ができた。

「バッターラップ！」

遠くから打者を急《せ》きたてる球審の声が聞こえた。

輪が解《ほど》けて、選手たちが散った。

もう、俯いている者はいなかった。

ヘルメットを被った一人の選手が、バットを手にバッターボックスへと歩きだした。

ジャンパーの男は、その打者の背を祈るような眼差《まなざし》で見つめていた。

――勝たせてください。

彼は心のなかで呟《つぶや》いた。

――神さま、……もし、こいつらが、ここまでしてきたことを見てくれていたのなら、どうかこいつらを、勝たせてください。

打席に立った選手が外野に向かってバットをかざすと、球審の「プレー」という声が屋根に反響した。

与えられたアウトは、あと三つ。

ひっそりとした山奥の、誰も見向きもしない、小さな球場で行われている、小さな大会で、しかし、九人の選手たちと、一人の監督にとって、大きな意味のある最終回が、これから始まろうとしていた。

ゲームセット後の憂鬱《ゆううつ》

明るく賑やかな表通りが好きではなかった。

順路は決めていないが、いつも裏道を選んで走った。この日も、背の高い桑《くわ》が生《お》い茂って陽《ひ》が遮られた、誰一人通る者がない農道で、矢本敏実《やもととしみ》は自転車をこいでいた。跨《また》っているのは、若者が乗るようなオフロード走行用のマウンテンバイク。黒く輝く車体は恰好《かっこう》いいが、走る姿はそうとはいえない。中年肥りの矢本が乗っていると、オフロードレーサーというより、巨きな熊が三輪車をこぐサーカスの演目のようで愛らしい。

矢本は毎朝自転車通勤している。東京西郊の立川《たちかわ》市にある自宅から、国立《くにたち》市にある職場までの約十キロを三十分かけて走る。彼が幼かった頃までは長閑《のどか》だった武蔵野界隈《むさしのかいわい》も、宅地開発が進んで人口が増えた。彼は雑踏《ざっとう》が苦手で、電車やバスでの通勤ラッシュには息がつまった。いっとき台東《たいとう》区御徒町《おかちまち》にある企業に就職していたが、朝夕人混《ひとご》みに押し流されることにうんざりした。自分を根っからの田舎者と思った。転職し、都心から二十キロ以上離れた故郷に戻ってきた。季節を感じつつ、土や草木の匂いを嗅《か》ぎながら自転車をこぎたかった。

緑が眩《まぶ》しい初夏の景色のなか、無人の農道を風をきって走る。だがあれだけ望んでいた自転車通勤なのに、面持《おももち》は潑剌《はつらつ》としていない。徐々に職場が近づいてくると、自転車をこぐ足の運びが遅くなった。新しい職場の待遇に不満はなかった。特殊技能を要するため、少なからず給料も上がった。雰囲気もよく、同僚も優しく接してくれた。問題は、仕事の内容にあった。彼は与えられた役目に馴染《なじ》めずに戸惑った。ほんとうに適職なのか、このさき続けられるのか自問した。それは、これまでずっと健康で、松葉杖《まつばづえ》や車椅子や、劣等感や絶望感とは、無縁に生活してこられたことによる悩みかもしれなかった。

高度経済成長期の武蔵野には、あちらこちらにまだ空き地があった。そこでは他県の多くの町と同じように、ある遊びに熱中する少年たちの姿が見られた。小学生時代の矢本も、下校後ランドセルを自宅の玄関に放り投げるなり、日昏《ひぐ》れまでその遊びに夢中になった。ドラム缶の蓋《ふた》などの廃材をホームベースに見立て、他のベースは地面に足で四角を書いた。バットがなければ棒きれで、棒きれがなければ手で打って球を飛ばした。球は、硬球でも軟球でもない、駄菓子屋で売られていた黄色やピンク色のビニールボール。それを雑草地に打ちこんでしまうとみんなで探した。塁審などおらず、アウトだ、セーフだといいあっても揉《も》めた。バッターボックスには、前夜にテレビのナイター中継で観《み》たプロ野球選手を模し、小さな長《なが》嶋茂雄《しましげお》や王貞治《おうさだはる》が幾人も現れた。

小学三年生のとき、矢本が暮らす地域にリトルリーグが結成されると、空き地の仲間とこぞって入った。そこで初めて、ユニフォームを着、背番号をもらい、硬球を投げた。以来、彼は二十年以上も、その遊び「野球」に夢中になった。

中学二年生までは補欠の外野手だったが、肩の強さを見込まれて投手になった。彼の八王子《はちおうじ》リトルは市の大会で三位になった。その頃から、日本じゅうの空き地で育った多くの野球少年同様、矢本にも夢ができた。甲子園へ行くこと、そして、プロ野球選手になること。彼の憧れは、高校時代に甲子園の全国大会へ三年連続で出場し、その後読売《よみうり》ジャイアンツの四番打者になった原辰徳《はらたつのり》であった。原が通《かよ》った道程をなぞるようにして、矢本は東海《とうかい》大学相模《さがみ》高校に入学した。

ところが、原辰徳が歩んだきらびやかな道を、すぐに諦《あきら》めざるをえなくなる。彼は肘《ひじ》を壊した。中学時代の投げすぎと、誤ったフォームが原因と思われた。様々な治療を試みたが完治せず、肘は曲がったままで伸びなくなった。

高校三年間を、無為《むい》に過ごした。野球部員が甲子園を目指して必死になっている姿を横目で見ながら、独《ひと》り取り残されたような寂寥《せきりょう》感に苛《さいな》まれた。担任教諭のすすめで登山部に入り、自棄《やけ》のように山を攀《よ》じった。

白球が恋しかった。東海大学へ進学後、矢も楯《たて》もたまらずに準硬式の野球部に入った。硬式野球部には、大学側から選抜されたエリートしか入れない。トップボールと呼ばれる表皮がゴムの球が使用される準硬式野球部なら、誰もが入れる。すなわち、プロへと続く道からは外れながら、それでも野球を続けたいという者の集まりが、準硬式という硬式とは似て非なる部活動であった。

しかし、そこにも必死な野球があることを、矢本は知った。野球は競技者数が多く、裾野《すその》は広い。準硬式大学リーグも、東都大学野球連盟所属チームだけで三十四を数え、一部リーグから六部リーグまでのピラミッドが形成されていた。矢本が入部した東海大学はその一部リーグに在籍していた。チームメートのなかには、他県の東海大学付属高校で甲子園にまで行った選手もいた。練習に参加してみると、水準の高さに驚いた。同時に、喜びも感じた。一部リーグ優勝という明確な目標はプロへと通じているわけではないが、挑みがいがあった。高校時代三年間投げずにいたためか肘の痛みが治まっていたこともあり、まるで過去を取り戻すかのようにがむしゃらに投げた。

準硬式とはいえ、練習は厳しかった。朝から晩まで、グラウンドにへばりつくようにしてノックを受けた。一時間もコンクリートの床に正座させられたり、裸《はだか》でランニングさせられたりといった上級生からのしごきもあった。それでも矢本は苦痛を感じなかった。彼にとってはグラウンドでのすべてが、やっと手に入れた、そしてもう二度と手放したくない青春に思えた。

どうしたら勝てるのか、その一点のために努力した。試合で敗れると、ミスした選手をかばわずに責任の所在を確認しあって反省した。互いに傷を舐《な》めあうのではなく、むしろ傷を責めあうことによって強くなろうとした。一勝や一敗で、歓《よろこ》びや悔しさをわかちあった。三年生になり、矢本は公式戦で初登板した。マウンドで緊張していると、ベンチの選手たちが声をかけて勇気づけてくれた。得点圏に走者を背負うと、内野手が駆け寄って励ましてくれた。初勝利のときは、同級生たちが涙を流してくれた。そのときのチームメートとは、その後社会人になってからも、酒を酌《く》み交わす仲でありつづけている。仲間は、野球がくれた宝物の一つであった。

むろん、プロになどなれなかったが、就職活動をする際、野球を続けられる職場に勤められることを願った。健康維持や気分転換といった「生活のための野球」ではない。純粋に勝利を目指す「野球のための生活」がしたかった。社会人野球も裾野は広い。声をかけてもらったのは、台東区リーグに所属する軟式野球部を有する企業であった。時計バンドや磁気ネックレス等の製造販売を手掛ける会社だったが、職種はおろか、給料、待遇、所属部署など、彼は条件を気にしなかった。一度怪我《けが》して道から外れた自分を、それでも「選手」として拾ってくれたという一点に感謝し、二つ返事で入社した。

巨人の原辰徳が本塁打を量産して不動の四番打者として活躍している姿を、矢本はテレビで観た。阪急《はんきゅう》ブレーブスに入団した高校時代の同級生が代打サヨナラ安打を放った記事を、矢本は新聞で読んだ。彼がたどりついた場所は、ブラウン管のなかでも、新聞紙上でもない。彼のホームグラウンドは、浅草《あさくさ》の隅田川《すみだがわ》河川敷にある、金網に囲まれて長方形に区切られた、古びた区営の運動公園であった。観客といえば、近所の山谷《さんや》地区から集まってきた労働者が、ワンカップ片手に酔っぱらって野次《やじ》をとばすぐらいのもの。

営業部に配属され、夕方五時まで問屋まわりをしたあとに、ネクタイを外してランニングをしたり、ピッチングをしたりした。月給は手取り約十万円。食事つきの寮暮らしで「選手」とはいえ華やかさなど微塵《みじん》もなかった。それでも矢本には十分で、日曜日の試合では嬉々《きき》としてプレーした。肘を壊したために豪速球は投げられない。制球重視の技巧派サイドスローとして中継ぎや抑えに大車輪で働いた。彼の活躍もあり、台東区リーグや健康保険組合大会で優勝した。それが彼の野球人生の絶頂期であった。

すべての道には、果《は》てがある。

原辰徳の引退セレモニーが東京ドームで行われた頃、矢本もひっそりとグラウンドを去った。三十歳になり、若手に押され、出番が減ったことで潮時を覚《さと》った。怪我をかかえながらもここまでよく頑張ったと自分を褒《ほ》めてやりたくなったのと同時に、もう頑張る場所がないことに虚脱感を覚えた。

「選手」でなくなった彼は、会社を辞めた。

野球部員が引退後もそのまま勤務するのは通例で、上司は残ることを勧めてくれた。だが大学の体育学部で学んでおきながら営業マンになっても仕方ないと考えた。それにここまで野球に育ててもらったのだから、こんどは自分が野球に恩返しをしたかった。いつか野球チームの指導者になり、自身の知識を若手に伝承したかった。それを新たな夢とし、可能性を広げられる職に就こうと思った。

しかし、元甲子園球児でもなく、元プロ野球選手でもない、ありふれた元社会人選手の矢本に、プロアマ問わずどこかのチームから指導者として声がかかるはずなどなかった。財団法人日本障害者スポーツ協会に転職し、同協会が運営している運動施設の指導員になった。そこの利用者と一緒に運動をしつつ、怪我や事故などがないように見守るのが職務であった。

以前勤めていた会社で出会った七歳年下の女子社員と結婚した。その妻陽子《ようこ》とのあいだには一男一女を授かった。畑だった三十坪の土地が立川市で売りにだされているのを知り、決意して新居を構えた。住宅ローンは三十五年。無事払い終える頃には七十歳になる計算である。それだけに、転職後の職場には定年退職するまで、なにがなんでもしがみつかなければならなかった。仕事内容にどれだけ苦悩しようと、辞めるわけにはいかなかった。

さくら通《どおり》と呼ばれる並木道は、花が散って葉だけになった桜の枝で天《そら》が遮られ、蒼《あお》いトンネルになっていた。そこを走りぬけると、矢本はブレーキをかけながらサドルから降りた。そして通りに面した白い外壁で囲われている敷地内へと入り、駐輪場でマウンテンバイクを停《と》めた。そこに建っている大きな、しかし飾り気がなく旧《ふる》びた造形の施設が、彼の新たな職場であった。

玄関の自動扉が開くと、長い廊下《ろうか》が延びていた。蛍光灯の明かりが薄暗く、すべてが青みがかって見えた。左手にプールがあり、水の底に沈んでいる白い塩素の臭い《タブレット》が微《かす》かに鼻をついた。右手には体育館があり、バスケットボールが寄木《よせぎ》貼りの床に弾《はじ》かれる低音が反響していた。どこにでもある公共事業で建てられた簡素な運動施設の雰囲気だが、異なる点がいくつかあった。磨きあげられた黒い床に、一条《ひとすじ》の黄色い帯が貼り付けられている。それがこの施設じゅうの廊下の隅々まで、まるで葉脈のようにはりめぐらされている。その点字ブロックの上を、白い杖をつきながらゆっくり歩く人がいる。廊下の幅は広めで、そこを車椅子《くるまいす》に乗った人や、松葉杖をつく人がすれ違う。

東京都多摩《たま》障害者スポーツセンター。

障害者の健康と社会参加を促進するために都が建設した、障害者専用の運動施設である。矢本が入った日本スポーツ協会が都から経営を委託されており、彼は指導員として配属されていた。職務は、障害者である利用者が運動を楽しめるよう援助すること。

赴任初日から、戸惑いの連続であった。

彼の近親知人に障害者はおらず、接し方がわからなかった。障害者を前にして、おろおろするばかりであった。指導課長に促《うなが》されて読み慣れない書物で障害者福祉を学んではみた。実際に接してみると、文字による知識だけでは不十分であった。本には、障害者の「気持」が書かれていなかったのである。人並以上の体格に恵まれ、ここまで元気に野球漬《づ》けで育った彼には、身体のどこかに障害を負った人々の精神構造を理解できるはずもなかった。

どうしていいものかわからなかったが、とにかく「弱者」には優しくしなければなるまいと思った。松葉杖の利用者が卓球をしていると、球が床に転がるたびに走って取りにいった。眼の不自由な利用者がラケットを取ろうとしていると、すぐに駆け寄ってそれを手渡した。少しでも困っている利用者を見かけては、手助けをして仕事をした気になっていた。

しかし、矢本の思いやりに、礼を述べる利用者は少なかった。むしろ「自分でやれますから」と足をひきながら球を取りにいかれたり、長い時間をかけて手探りで道具を手にされたりすることが多かった。せっかくの厚意《こうい》に感謝もされず、無視されてばかりの矢本は小首を傾《かし》げた。あたかも施《ほどこ》しのような一方的な優しさは、ときとして相手を傷つけてしまうということが、新前《しんまえ》の彼には理解できていなかった。

また、指導員としての役目を果たせないことにも、矢本は困惑した。この施設に通いはじめる以前は、障害者の運動など、鈍重《どんじゅう》で緩慢《かんまん》で、試合の体裁《ていさい》を成さないだろうと見縊《みくび》っていた。ところが、たとえば体育館を駆けめぐる車椅子バスケットボール選手の動きは、軽快で俊敏で、あまりの激しさに車椅子ごと倒れてもボールにしがみつく必死さがあった。試合を観戦すると、手に汗握る興奮すら感じた。卓球やバドミントンで障害者の練習相手を務めるのも彼の仕事の一つだったが、義足をつけた利用者に簡単に負けた。しかも、こてんぱんに負けた。相手が打ったシャトルやピンポン球を眼で追うのにも苦労し、一点もとれないことすらあった。

「選手」として生きてきた自分が、なぜ「弱者」にねじふせられなければならないのか。野球でつみかさねてきた経験が、ここでは少しも役にたたなかった。野球なら負けないのにと思ったが、野球をする障害者などいるはずがなかった。「もうひとつのオリンピック」であるパラリンピックでも、野球は種目にない。

施設地下にある卓球室は、床も壁も飴色《あめいろ》の木材が貼られており、どことなくひんやりしていた。室内に置かれた三台ある卓球台で、三人の利用者がラケット片手にサーブ練習をしていた。この日、障害者の相手を務める担当指導員は矢本であった。上下薄紫色《うすむらさきいろ》のトレーニングウェアに着替えた彼は、挨拶《あいさつ》しながら部屋へと入った。奥の台にいる二人は微笑《ほほえ》んで辞儀《じぎ》をしたが、手前の台にいる一人は、瞼《まぶた》を閉じて溜息《ためいき》をつくと、一つ小さく舌打ちした。矢本の耳にも、それがはっきりと聞こえた。彼はその利用者と視線をあわせることができなかった。自分を疎《うと》んでいることを知っていたからである。脊椎《せきつい》損傷で車椅子に乗っているその利用者は、下半身が不自由なだけで、卓球では健常者もおよばぬ技術をもっていた。奥にいる二人の利用者はリハビリの一環として遊びでサーブの練習をしているらしく、笑ったり話したりしていたが、矢本と対した利用者はまぎれもなく「選手」で、大会での勝利を目標として連日ここへ通っていた。素人《しろうと》同然の指導員では練習台にすらならないことは明らかで、矢本はその利用者と試合をするたび、悔しさや情けなさをとおりこして、申し訳ない気持《きもち》でいっぱいになった。

この日も、その利用者を相手にした矢本のプレーは悲惨であった。指導員でありながら、利用者の球が受けられなかった。サーブが拾えず、得点を連取され、最後はお情けで小学生でも当てられるようなサーブを打ってもらっていた。

「どうもすみません」

汗だくで、息も絶え絶えになった矢本は頭を下げた。利用者は呼吸の乱れ一つなく、「いいですよ、いつものことですから」と無表情でいった。どちらが指導員かわからなかった。これで給与をもらうのが後ろめたかった。

暗くなったさくら通を、矢本はマウンテンバイクでとぼとぼと帰り、新居へと向かった。妻には今晩も、「仕事はうまくいってるよ」というつもりでいた。住宅ローンをかかえた三十五年の出発点で、愚痴《ぐち》をこぼして心配させたくなかった。

野球チームの指導者になることを夢見つつも、彼が歩んできた道の果てに広がる世界は、土と芝のグラウンドではなく、コンクリートで固められた運動施設であった。

野球人生は、ゲームセットしたばかり。

第二の人生は、プレーボールしたばかり。

覚束《おぼつか》なく、うろたえて、まごついて、しくじってばかりの、選手ではなく、指導員としての、長くて憂鬱な、第二の人生が。

障害者に野球ができるか

不器用で無愛想で、バドミントンや卓球同様、障害者との接し方も下手な矢本敏実は、施設利用者の多くから敬遠された。鬱々《うつうつ》とするそんな新前指導員を、しかしひそかに歓迎する者がいた。

おっちゃん――。

山泉邦雄《やまいずみくにお》は、若い仲間たちからそう呼ばれている。矢本より二十二歳年長。薄くなった胡麻塩《ごましお》頭にちょび髭《ひげ》は、いつも軽口と笑顔を絶やさない明るさとあいまって、おじさんでも、おやじさんでもなく、いかにも「おっちゃん」が相応《ふさわ》しい。

彼は多摩障害者スポーツセンターの近所で独り暮らしをしている。ときどき施設へ顔を出すが、彼のどこに障害があるのか気付かない者もいる。動作を見るかぎり、腕も脚も丈夫そうで、眼も言葉も不自由ではない。会話してみて初めて、彼もまた、健常者には知りえない苦労をしてきたであろうことがわかる。

彼は、耳が聞こえない。

右耳こそ補聴器によって大きな音だけは感じられるが、左耳はまったく機能しない。二十五歳のとき、突発性難聴で聴力を失った。病院で検査をくりかえしたが、原因さえわからず治療できなかった。

還暦《かんれき》を過ぎたいまでも、苦労は絶えない。テレビの内容がつかめないし、電話は用件を伝えることは可能でも、相手からの通信はベルが鳴っていることすら気付かない。人との会話は耳元で大声を出してもらわなければ聞きとれない。仲間が笑いあっていても、自分だけは無音の世界に取り残されたような孤絶感を味わうこともしばしばあった。

一種二級の重度障害者である彼は、それでも社交的な性格で人の輪に加わりつづけてきた。

「聞こえなくなったときのショックなんか、あったかなあ、大昔のことで忘れちまった」

「嫁さんと見合《みあい》したとき、聞こえるふりをして騙《だま》してやったんだ」

「ファミレスで子どもがうるさいときは便利だよ、補聴器のスイッチを切れば、しーんだから」

障害のことを話すときの冗句《じょうく》には、明るさのみならず、ある種の強さをも感じさせる。

「待ってました！」

体育館の高い天井に山泉の声が反響した。自らが難聴のためか、彼の地声はことさらに大きい。

驚いたのは、トレーニングウェア姿で現れた指導員の矢本であった。敬遠されることはあっても、自分を待っていてくれる利用者などこれまで一人もいなかった。ところがバドミントンを指導しに——利用者にやりこめられに——きた彼のもとへ、踊るようにして山泉が走り寄ってきた。

「あなたさあ——」

普段でも細い眼を線のようにして山泉が矢本に微笑みかけた。

「面倒《めんどう》みてくれないかなあ、俺たちのチームを」

「はあ？」

矢本は小首を傾げた。

なにをいわれているのかのみこめなかった。この施設では利用者同士が集ってサークルを結成し、いくつもの競技で日本選手権などに出場する団体が誕生していた。車椅子バスケットボール、シッティングバレーボール（床に臀部《でんぶ》を接触させて行う六人制バレーボール）、ブラインドサッカー（視覚障害者による五人制サッカー）、車椅子ラグビー、ショートテニス（スポンジボールを用いて室内のバドミントンコートで行うテニス）。だが野球だけしかやってこなかった矢本が面倒をみられるようなチームなど、あるはずなかった。同じ球技とはいえ、矢本は前述の種目すべてが苦手で、利用者より上手くやれる自信がなかった。

「なんのチームか知りませんけど」

周りに聞こえぬよう、矢本は小声でいった。

「僕がお世話できる競技なんて、ないですから」

「あん？」

山泉には、矢本の言葉が聞き取れない。

「あなた、このあいだまで社会人野球の選手だったんだってねえ、それを聞いたもんだからさあ、大急ぎでチームを拵《こしら》えたんだ、俺みたいな年寄よっか、あなたに監督やってもらえれば最高だよ、さあ、さあ、さあ、いま練習してるから、みてやってよ」

そういうなり山泉は二人いる仲間のもとへ走り、振りむいて矢本を手招きした。

山泉ら三人が始めた練習を見て、矢本は口を開けた。

彼らはそれぞれの手にグローブをはめ、白球を投げては捕り、捕っては投げていた。体育館でのキャッチボールを見るのも稀《まれ》だったが、それより驚いたのは、義足をつけた者と、足をひきながら歩いている者とがいたことであった。つまり山泉は、矢本に障害者野球チームの監督を依頼していたのである。

矢本はその場に立ちつくし、眼を瞬《まばた》いてキャッチボールを見つめた。

その彼に見せつけるようにして、山泉がとりわけ速い球を投げこんでみせた。

この人しかいない、山泉はそう思った。矢本のがっしりした体軀《たいく》と鋭い眼光からは、勝負の世界に生きてきた者が発する威圧を感じた。他の指導員から聞いた噂《うわさ》では、大学卒業後に社会人野球でも投手として活躍し、引退した現在は、いつか指導者としてグラウンドに復帰したいと願っているらしい。彼ならこの新チームの監督として適任ではないか。選手を基礎から鍛えあげてくれるだろうし、なによりこの施設の指導員であるため、障害者に対する理解も深いに違いない。この人を逃したくない、山泉はそう思った。もし断られてしまえば、もう一生、野球ができないかもしれないのだから。


山泉邦雄は山形県の田園地帯で育った。高校を中退して集団就職で上京し、中野区《なかの》の工務店に見習で雇われた。独立後、一時帰郷して見合結婚したが、十年後に出稼ぎで単身赴任し、多摩障害者スポーツセンター近くの国立市で一人棟梁《とうりょう》として何十件も棟上《むねあげ》した。

働きづめに働き、故郷で待つ妻に仕送りする生活を二十年以上も続けてきた。年に二度しか家族に会えなかった。一人息子の成長も間近で見ることができず、夫として、父としての喜びは、送金するときにしか感じることができなかった。

そんな彼の暮らしに張りを与えたのは、少年時代、稲刈後の乾いた田んぼで覚えた、ある遊びであった。彼はその遊びを東京へ来てもやめなかった。休みになると仕事仲間で集まった。カネを出しあってユニフォームを作り、いくつになっても少年のように日曜日を待ちこがれた。捕手、内野手、外野手と、不平をいわずにどこでも守ったために重宝された。

プレーするだけでなく、野球は観るのも好きだった。中学三年の修学旅行で上野公園を訪れた際、西郷隆盛《さいごうたかもり》の銅像近くに人が群がっていた。混じってみると、みなが街頭テレビの野球中継に夢中になっていた。彼はそのとき初めてテレビの存在を知った。のちに山形にも普及しはじめると、カネ持ちの息子宅に上がりこんでは、力道山《りきどうざん》や、大鵬《たいほう》や、そして水原茂《みずはらしげる》監督率いる巨人軍を応援した。

彼にとって野球は、耳が聞こえないという障害を感じずにいられる貴重な時間でもあった。プレーするとき、サインはすべて身振り手振りのために困ることがなかった。テレビで観戦するときも、ドラマやニュースと異なり、なにも聞こえずとも選手と球の動きを見ていればなにもかも理解できた。野球を続けるための体力を維持するため、酒も煙草《たばこ》もやらずに節制してきた。五十歳を過ぎても草野球の現役選手で、日曜日のために平日の仕事を頑張った。

しかし、選手時代の矢本が感じた限界を、まったく違う次元とはいえ、山泉もまた痛感していた。年齢をかさねるにつれ、チームでは戦力になれなくなった。三塁を守ってゴロを好捕したとしても、山なりの送球では若い打者走者をアウトにしとめることができない。打撃でも、以前ほどにはバットを鋭く振りきれない。

草野球チームの仲間から声がかかることが少なくなり、大好きだった日曜日に、家でぼうっと過ごすことが増えてきた。そんな折、北区《きた》にある東京都障害者総合スポーツセンターで、障害者による野球チームが結成されたと聞きつけた。彼はグローブと障害者手帳を持ってとんでゆき、すぐチームに入れてもらった。障害者同士の野球でなら、まだ自分でもチームの役にたてるかもしれない。その日から、彼は野球をしたことがない障害者に、投げることや打つことを手ほどきした。それだけでなく、泥まみれになった球を籠《かご》一杯自宅へ持ち帰っては、真っ白に洗って返したりもした。彼はそのチームでコーチ兼選手になり、もういちど日曜日のたびに野球をすることで生きる楽しみを得た。

それでも三年が経つと、山泉は徐々に物足りなさを感じるようになった。その障害者チームでは、簡単なフライをエラーしても、絶好球を見逃して三振しても、非難する者がいなかった。たとえ敗れても悔しがる者などいなかったし、むしろプレーより、試合後のビールを楽しみにしている者のほうが多かった。

これまで、どんなに弱い草野球チームに所属していたときでも、一試合、一打席、一球に集中し、勝利のためにプレーしてきたという自負が彼にはある。攻撃前に円陣を組んで大声を出す瞬間が好きだった。日常にはない高揚感、緊張感、悲嘆や歓喜がたまらなかった。しかるに障害者チームには、それらすべてがなかった。健常者のチームが相手では、失敗も敗北もあたりまえで、練習にも身がはいらないようであった。落胆や反省がないところには、成長もなかった。

山泉は障害者チームを辞めた。それからの日曜日、自宅から歩いてすぐの多摩障害者スポーツセンターへ彼は通いはじめた。バドミントンや卓球をするためではない。いつの日か、障害者同士で、勝利を追求する全力野球がしたかった。そのために、この施設へ通う利用者を中心に新チームを作ろうと、メンバー探しに躍起《やっき》になっていた。

山泉たちの動きを、複雑な面持で矢本は見つめていた。

それは、野球の練習とはいえなかった。球を投げることはできても、満足に受けられない。健常者なら、球が逸れたら即座に一、二歩移動して手を伸ばせば、とんでもない暴投でないかぎりワンバウンドしようが高めに浮こうが対処できる。だが下肢障害者は、その一、二歩が困難らしく、投球がわずかにすっぽ抜けただけでも、球ははるか後方を転々とした。成立しなかったのはキャッチボールばかりではない。彼らはトスバッティングを始めたが、振っては倒れ、振っては倒れする者がいる。たまに球をとらえたとしても、弱々しいポップフライが天井にも届かずに近くの床に落ちて弾むだけ。彼らのそんな奇行とも思える練習を、体育館の奥でネットを張っているバドミントンの選手たちが失笑しながら見物していた。

——障害者に野球ができるか。

いますぐ、矢本は監督依頼を断ろうとした。いくら将来的に野球チームの指導者になることを夢見ているとはいえ、とてもではないがこのチームの面倒をみる気になどなれなかった。準硬式ながら、大学で四年間過酷な練習に耐えぬいた。投手である自らの活躍もあって一部リーグに居続けた。壮絶な辛苦と、その果てに得られる歓喜。野球とは、健全な身体を十全に活《い》かしきったとしても底が見えない、深遠な球技ではないか。

世界最高峰の国際障害者スポーツ競技大会であるパラリンピックでは、野球は種目から除外されている。理由は簡単で、競技者数がきわめて少ないからだろうと矢本は思った。野球は複雑な運動能力を要する。球を、正確に、遠くへ、速く、投げなくてはならない。その投球を、強く打てなくてはならない。そして打球を、確実に捕れなくてはならない。のみならず、走ったり、滑ったり、跳んだり、防いだり。身体のどこが不自由にせよ、それらすべてを難なくこなせる障害者は多くない。

矢本が障害者チームの監督を断りたい理由は他にもあった。彼は障害者とどう接したらよいのか悩みつづけていた。手助けしようと思えばありがた迷惑のような顔をされ、かといって放っておくのは不憫《ふびん》に思えてならない。施設利用者との溝は、着任からしばらくしても埋められなかった。そんな状態で監督をひきうけても、選手がついてくるはずはないし、監督と選手の心が離反しているチームが勝てるはずもない。

さらに、利用者が組織したチームの監督業は仕事と認められず、あくまで私的な奉仕活動となる。指導員という職は体力勝負でもあり、休日は文字どおり休息に充《あ》てたい。休みをつぶしてまで、このチームをみる価値があるのか。新居で幼い子どもたちと戯《たわむ》れる時間を割いてまで、一銭にもならない監督業を請けおう意味があるのか。

そんな矢本の心中を知らない山泉は、まるで曲芸をしてみせて餌《えさ》を待つ象のようにキャッチボールをしながら、ちらちらと矢本を見た。けれども矢本は、「申し訳ないですけど！」とくりかえした。こんどは山泉の耳にも入るように大声でいった。

「僕は勝つための野球しかやってこなかったので、遊びの野球には興味ないんです！　せっかくですけど、他をあたってくれませんか！」

「そう！　それなのよ！」

山泉がほとんど叫んだ。そしてキャッチボールをやめて矢本の眼前へ走り寄った。矢本は勢いに押されてわずかに後退《あとずさ》りした。

「俺たち、障害者だけどさ――」

山泉が続けた。

「それでもやっぱり、勝ちたいのよ、試合に負けても、なんてことなくビール飲んじゃう野球じゃなくてさ、あなたのいう、勝つための野球、それをしてみたいのよ、みんなで励ましあって練習してさ、上手に打ったり捕ったりして喜んでさ、試合に勝ってもっと喜んでさ、……見てよ、あの連中を」

キャッチボールを続ける他の二人を山泉が左手のグローブで指し示した。

不思議であった。

矢本は断ろうとしているはずなのに、彼らから眼を離せずにいる、もう一人の自分がいた。下手《へた》くそな、しかし一生懸命な彼らのキャッチボールに見入ってしまう、もう一人の自分が。

キャッチボールをしている一人を、彼は見つめていた。その一人が投げる姿を見れば、野球経験者であることがわかる。円滑な腰の回転と腕の振りは、一年や二年でなせる業《わざ》ではない。だが後逸した球を追うために走るその姿を見れば、障害者であることがわかる。左脚をひいているのだ。健常者の矢本には、そうまでして野球をしたいと思う背景になにが隠されているのか想像すらおよばなかった。だが左脚が不自由になってもこれだけの運動能力を磨くためには人知れず苦労したのだろうし、そして野球をする以上、これからはさらに苦労することが予想できた。

自身の障害に抗《あらが》うようにして、谷口貴之《たにぐちたかゆき》は生きてきた。

多摩障害者スポーツセンターがある国立市に程近い神奈川県相模原《さがみはら》市で、彼は暮らしている。彼が施設を訪れる理由は、自身の運動機能を恢復《かいふく》させるためではない。彼は他者の世話をするために、ここへやってきているのであった。

彼は一歳のときに高熱を出して解熱剤を臀部《でんぶ》に注射された際、針が左脚の神経に触れて麻《ま》痺《ひ》したのだと、両親から聞かされていた。最近になって、それはポリオウイルス、いわゆる小児麻痺による障害ではないかと専門医に指摘され、そうかもしれないとも思うようになった。いずれにせよ、彼にとってはどうでもいいことであった。障害者手帳を利用しなかったし、左脚が不自由なことなど気にもとめなかった。

幼い頃、友達と喧嘩《けんか》した際に左脚のことを揶揄《やゆ》された。以来、二度と障害のことで見下されまいと、まるで障害に抗うように人一倍身体を動かした。小学生のときは少年野球チームに入り、一塁手として試合に出た。中学生のときは卓球部に所属し、市の大会で準々決勝に残った。学校での体育の授業も運動会も、他の生徒と同じ種目を同じようにこなそうとした。

大人になってみれば、揶揄されたことなど言葉の弾みだったのだろうし、無邪気《むじゃき》な子どもの放言だと赦《ゆる》せた。だが、まだふわふわした、か弱い幼少期の心に負った傷は、長らく痕《あと》が消えないことがある。谷口の負けず嫌いは成人しても相変わらずで、大学でも野球をした。社会人になってから始めたバドミントンでは、障害者のサークルに入らずに一般のクラブで活動した。

さらに、自らの障害に抵抗するだけで彼は満足しなかった。社会奉仕に興味を覚え、他の障害者のために自らの運動能力を役立てようとした。知的障害児相手に遊戯をするボランティアで休日をつぶした。眼の不自由な成人相手に盲人テニスの手助けもした。それらは劣等感による反作用かもしれなかったが、他者から助けられるのではなく、他者を助けることで、彼は充足した。多摩障害者スポーツセンターで盲人テニスの手伝いが不足していると聞きつけ、矢本ら指導員の助手として、休日を利用して球拾いや対戦相手のボランティアを務めた。むろん、自らの障害者手帳は、家に置いたままで。

ある日、矢本ではない他の指導員と、遊びがてらに体育館でキャッチボールをしてみた。それを見ていた山泉に、チームを作るから入らないかと誘われた。谷口は即座に入部した。久々に野球ができること、選手として自分が求められていることが嬉しかった。

谷口は、鏡《かがみ》を嫌う。

正確には、鏡に映る、自分を嫌う。

街を歩くとき、ショウウインドウに自分の姿を見つけると、反射的に眼を逸らしてしまう。

あれは自分ではない、と心のなかでかぶりを振る。彼は自らを障害者であると思っていないし、これからも思いたくない。

そんな彼にとって、スポーツは、たんなる娯楽とはいえない。

試合に挑み、そして勝つたびに、自己になにかを証《あか》しているのだった。

監督依頼をきっぱり断ろうとしたはずの矢本だった。

ところが、谷口らのひたむきなキャッチボールを見つめているうち、その意思とはまったく反対の、本然的な衝動が、心の奥底からわきあがってくるのを感じていた。

――もっと、練習を見ていたい。

そう思った。しかもそれだけではない。いますぐ彼らの傍へ駆け寄り、そうじゃないんだ、もっと相手の胸を見ながら投げるんだ、グローブは開いて待つもんなんだ、そう教えてやりたくなった。それは、たんなる野球人としての本能かもしれなかったし、バドミントンや卓球ではしたたかにやりこめられる指導員が、唯一、胸を張って教えられる球技で存在意義を感じたいという疼《うず》きかもしれなかった。

「返事ですけど！」

山泉の右耳に顔を近づけ、矢本が大声でいった。

「待ってもらっていいですかね！」

山泉は聞こえないふりをして、「あん？」といった。

「こんどの日曜日も、ここで練習やりますから」

当然矢本が来るかのように、山泉がそう伝えおいた。そして矢本に歯を見せて微笑んでから踵《きびす》を返すと、走ってキャッチボールに戻っていった。

ジム・アボットのように

多摩障害者スポーツセンター体育館の隅にある、車椅子用空気入れが雑然と置かれている用具室が、指導員矢本敏実の休憩所になっている。四畳半ほどの部屋には、整理棚一棹《ひとさお》、長机二台、パイプ椅子四脚が詰めこまれており、矢本が寛《くつろ》ぐためのベッドはもちろん、ソファもない。昼の休憩時間、彼は一人そこに籠り、身体を休めるでもなく、机に向かってパソコンのキーボードをたたいていた。

《野球部員募集！
新チームを結成しました。
経験者歓迎。
入部希望者は指導員の矢本まで。》

プリンターから印字されたＡ４サイズの用紙は、黒インク一色のみの、飾り気ないポスターであった。無骨さ、不器用さがにじみでており、いかにも矢本らしい刷り物である。

山泉邦雄が中心となって結成された野球チームの監督を、けっきょく矢本はひきうけた。その際、一つだけ条件をだした。障害者野球とはいえ、『野球規則』第一条にある《試合の目的》を守ること。そこにはこう記されている。

《各チームは、相手チームより多くの得点を記録して、勝つことを目的とする》

勝利のための全力プレーは、大学や社会人野球で必死にあがきつづけてきた矢本の信念であった。身体の不自由さゆえに華麗な動きはできなくとも、新チームのメンバーにも「勝つこと」を諦めてほしくなかった。

監督就任後すぐ、日本身体障害者野球連盟という組織にチーム登録を済ませた。世界的には身体障害者による野球チームはまだ数えるほどしかなかったが、日本における歴史は古い。昭和五十六年、国内で初めて結成された神戸コスモスが中心となり、平成五年には日本身体障害者野球連盟が組織された。この時点で北は秋田から南は長崎まで、計三十チームが連盟に所属し、年に二回の全国大会を開催している。連盟理事長を務める岩崎廣司《いわさきひろし》は自身を「障害者野球の伝道師」と称し、長年にわたって全国の障害者施設を歩いてはチーム結成と連盟加入を呼びかけ、障害者野球の普及振興に邁進《まいしん》してきた。岩崎自身も下肢障害者で、野球をすることによって生きがいをとりもどしたという体験から、一人でも多くの障害者を野球によって勇気づけたいという使命感をもっていた。

その伝道師が、多摩障害者スポーツセンターへもやってきた。障害者数が全国最多の首都東京に、いまだ本格的な障害者野球チームがないことを憂慮していた岩崎。施設の指導員である矢本が監督になってチームを結成したと聞きつけ、わざわざ激励に訪れたのである。矢本は岩崎から「よくぞ監督をひきうけてくれた」と感謝され、そして一つ、頼みごとをされた。

「六月の全国大会に出場してください」

東京のチームが全国大会に出場することが、日本じゅうの障害者野球チームを刺激して水準をひきあげるし、野球をしてみたいと発起《ほっき》する障害者も増えるはずだと説かれた。別れ際には、「かならずメンバーを集めて神戸に来てください」と念押しされた。

矢本は困惑した。六月に神戸で開催される全国大会までは、あと一カ月しかない。最低でも九人集めなければ試合ができないのに、選手が三人しか揃っていない。体育館や近所の公園で月に二回練習することになっていたが、矢本と山泉の二人だけしか来ないことがあった。山泉に仕事が入ったある日曜日などは、公園へ行ってみたら矢本一人だけのことすらあった。

矢本は狼狽《ろうばい》した。急いで頭数を揃えなければ、大会を棄権しなければならない。わざわざ神戸から東京にまで出向いてチーム結成を喜んでくれた岩崎の笑顔を思うと、選手が足りませんでした、とはいえない。そこで彼は、施設の利用者に入部をうったえかけるポスターの作成を思いたち、この日、慣れないキーボードを叩《たた》いてみたところであった。

用具室の電話が鳴った。

「シマダ」と名告《なの》る者からの、矢本宛の外線だという。聞き覚えのない名だったが、外線ボタンを押して電話をつないだ。

「あの……」

受話器の声はしかし、「あの」というばかりで要領を得なかった。竹を割ったような気性の矢本はせっかちでもあり、とくに優柔不断な者には苛立《いらだ》った。

「いま忙しいんですが、どんなご用件でしょうか」

矢本がまくしたてると、やっとのように相手が言葉を継いだ。

「野球チームができたと、うかがいまして……」

そう聞くなり、矢本は思いだした。埼玉県所沢市にある国立身体障害者リハビリテーション病院のスポーツ訓練士から、中学生まで野球をしていた入院患者が、東京で結成された矢本のチームに入りたいと希望していると聞いていた。たしかその患者名が「シマダ」といった。矢本は、ほくそ笑んだ。もし退院したのなら、部員が増える。

「それで、僕でも、できるのかどうか、うかがいたくて……」

「できる！　大丈夫！」

どんな障害があるのかも聞かずに矢本は断言した。

「野球がやりたいから、電話をかけてきたんだろう？」

「はい、野球、やりたいです、中学まで部活でやっていましたし、でも……」

「でも、どうした？」

「でも、いまは、自信がなくて……」

「それなら、俺と一緒に、もういちど、ゼロから始めてみようよ、近いうちに全国大会もあるから、試合に出れば、自信をとりもどせるよ」

「……」

「つぎの日曜日、うちの施設の近所にある公園で練習するから、とにかく来てよ、ところで住居《うち》はどこ？」

「太田《おおた》市なので……」

「太田市？　群馬の？」

「はい、遠いんです……」

太田市から国立市までは鉄道で百キロ以上ある。

「でも——」

島田がいった。

「遠くても、うかがいます、あの、……よろしくお願いします」

矢本は安堵《あんど》した。「待ってるからね」と受話器を置くと、小躍りしたいような気分になった。そして「一名獲得！」などと呟きながら、刷りあがったばかりの部員募集ポスターを館内中の掲示板に貼ろうと、扉を開けて用具室をとびだしていった。


「俺、野球をやるよ」

電話をきったあと、島田泰幸《しまだやすゆき》が告げたそのなにげない言葉を聞くなり、彼の母とよ子は驚いたような顔をし、そして面《おもて》を伏せた。涙が止まらなかった。まさか息子が、自ら外に出て、しかもスポーツをするなどといいだすとは。

「それじゃあ――」

涙を拭《ぬぐ》いながら作り笑いをし、つとめて明るく彼女はいった。

「家族みんなで、ヤスユキが野球するところを、観に行かなきゃね」

島田とよ子は、多くの母親同様、息子の成長を励みに生きてきた。

とりわけ有能な息子だったわけではない。取柄《とりえ》は真面目《まじめ》なことと、元気なことぐらい。彼女が二十八歳だったときに出産して以来、息子は大病をしたことがなかった。小学生のときに右腕を、中学生になってからも左腕を骨折したが、それでも大好きな野球をやめたくないというほどに逞《たくま》しく育った。中学校に入学してからも野球部に所属した。ポジションは二塁手で、毎日のようにノックを受けてユニフォームを泥まみれにして帰ってきた。必死に練習したようだが、重要な試合で起用されたことはなかったらしい。「試合を観に来てほしい」と息子からいわれたことがなかった。三年間控え選手だった息子は、きっと野球の才能には恵まれなかったのだろうと彼女は思った。それでも試合に出られないにもかかわらず退部せず、努力しつづけてくれたことが嬉しかった。彼女は毎日、泥まみれのユニフォームを洗濯しては、朝、息子に手渡すことを日課としていた。

高校卒業後、短大へ入学して自動車製造に関する専門的な知識を学びたいと泰幸がいいだした。太田市は富士重工《ふじじゅうこう》の大工場がある工業都市で、街全体に下請《したうけ》の中小企業が点在している。若者の多くが地場産業を支えようと上京せず地元に残る。泰幸もまた、華やかな都会に憧れることなく実家で暮らすという進路を選択してくれたことを、とよ子は喜んだ。短大卒業後に車体の金型を製造する企業で職を得たときは、心から祝福した。親思いでもある二十歳《はたち》になった息子がとよ子には誇らしかった。ありきたりではあるが、たしかな仕合《しあわ》せのなかに彼女はいた。子育てを終えてみて、これ以上望むことはなにもなかった。

けれども、人は、一瞬にしてすべてを失うことがある。

その一瞬がおとずれて以来、とよ子は笑わなくなったし、口数も極端に寡《すくな》くなった。

息子が勤めている会社から電話を受けた。就職して五年、泰幸は車体の金型を機械に載《の》せてプレスし、製品の品質を調べる職務に就いていた。電話で社員から「息子さんが事故に遭《あ》って大怪我をされた」と報《しら》された。夫の幸雄《ゆきお》とともに息子が運ばれた病院へ駆けつけた。医師に安否を問うと、機械に右腕を挟まれて重体だという。片腕すべてを切断しなければ命は助からないという。

眩暈《めまい》におそわれた。全身の力がぬけてその場に倒れそうになり、傍にいた夫に支えられた。

一命はとりとめたものの、全身麻酔で集中治療室のベッドで眠りつづける泰幸の右肩には包帯が幾重にも巻かれており、右腕が消えていた。

そして、眼を覚ました息子が最初にいった一言に、とよ子は絶句した。

「鏡を見せてくれないか」

寝たままで動けない泰幸が、自分の身体を手鏡に映して確かめた。

失われた右腕を見ても無表情のままの彼が、とよ子に呟いた。

「不思議だね、肩におもりを載せているように感じるよ」

とよ子は息子の顔からも、包帯からも眼を逸らし、その場に泣きくずれた。

病院に八カ月間、さらにリハビリテーションセンターに七カ月間入院した。退院後、息子はすっかり変わってしまった。姿より、むしろ、心が。

彼は家に閉じこもった。とよ子が幾度促しても、外出することはなくなった。家にいても家族とほとんど会話をしなかったし、大好きだったプロ野球のナイター中継をテレビで観ることもなくなった。手術直後こそ、将来を悲観して落ちこむとよ子を、逆に元気づけるような発言をしていた。だが時が経つにつれ、徐々に面持が暗く沈んでいった。

どうにか息子を励ましてあげることができないかと思案したが、かける言葉が見つからなかった。夫の幸雄はことあるごとに「頑張れ、頑張るしかないんだぞ」と息子の背をたたいたが、彼女は、頑張れ、とはいえなかった。いくら頑張っても、右腕は返ってこないし、いくら頑張っても、生活も元には戻らない。だいいち、すでに息子は、頑張っている。バランスよく歩けるようにリハビリしたり、左手で文字が書けるように日記をつけはじめたり、スプーンを使わずに箸《はし》を握ってみたり。だが、どれだけ頑張っても、絶望感をぬぐえずにいるのだ。うちひしがれて、立ち上がれずにいるのだ。独りで部屋にこもり、泣き叫んでいるのだ。そんなぎりぎりいっぱいの息子に、これ以上、頑張れ、などとはいえなかった。ただ傍で見守り、黙って一緒に涙をこぼすことしか、彼女にはできなかった。

泰幸は、そんな母の気持を痛いほど理解できてはいた。だが、その劬《いたわ》りが疎ましくもあった。すぐそこにあるものをとって手渡そうとしてくれたり、果物の皮を剝《む》いてくれたり、シヤツの袖口を折ってくれたり。かわいそうに、かわいそうに、そう不憫がられることにも、同情されることにも、耐えられなかった。それは、二十六歳にもなるのに、なにひとつ満足にできなくなってしまった自分への憤《いきどお》りでもあった。ときには母を怒鳴《どな》ったり、壁を殴《なぐ》ったりしてあたりちらした。そんなとき、母は、とめたり、叱ったりしなかった。その場に立ちつくしたまま、暴れる彼を黙って見つめていた。

泰幸には、三歳年下の弟正幸《まさゆき》がいる。正幸は兄を慕い、幼い頃は一緒に野球をして遊んだり、大人になってからもドライブしたり、夜遅くまで話しこんだりした。事故以来、会話らしい会話をしなくなった。それでも退院からしばらくして、正幸が誘って助手席に兄を乗せてドライブをした。その初めての外出で、正幸は気付いた。兄が避けていたのは、「外」ではなく、「人」だったのだと。兄は他人の視線を気にしているようで、人がいる場所では車から降りようとしなかった。食事をするときでも頑《かたく》なに座席から動こうとしなかった。兄は右腕と同時に、自信を失ってしまっているようだった。仕方なく正幸は車まで食事を運んだ。いつか兄自ら、車の扉を開け、人混みの中へと、歩きだしてくれることを、心のなかで願いつつ。

そのときは突然やってきた。

野球をやると泰幸が家族に宣言したのである。

リハビリテーション病院で球投げをしつつ筋力恢復に努めていたとき、スポーツ訓練士から障害者による野球チームが東京にできたことを伝え聞いた。野球経験者ならきっと歓迎されるだろうともいわれた。「野球」と聞き、島田は中学生の頃の自分を思いだした。レギュラーを目指し、グラウンドで泥まみれになりながら白球に飛びついた。試合には出られなかったが、昨日捕れなかった球が今日には捕れるようになった自分を、誰が褒めてくれなくとも自分で褒められた。片腕を失ったことで、すべてをなくしてしまったようないま、もういちど、挑んでみたかった。いつか、自分を自分で褒められるように。

多くの不安をうちけし、決意をかためて矢本へ電話したのは、彼がみせた、事故後初めての意志であった。

家族三人は驚いた。驚きつつも喜び、すぐに決めた。初めての練習日、泰幸についてゆき、車の扉を開けて歩きだす彼を応援しようと。そして、もし挫《くじ》けて彼が車に戻ってきたら、また黙って優しく迎え入れ、国立市のグラウンドから太田市の実家へ、長い長いドライブをして帰ろうと。

「君がシマダくんか！」

公園内のグラウンドに引かれた白線の外側、ファウルゾーンで、独りで練習を見ていた泰幸のもとへ、監督の矢本が大声で呼びかけながら走り寄ってきた。

「よく来たね、持ってきたんだろう？」

矢本はそういって自分が左手にはめているものを右拳で叩いてみせた。

島田は「はい」と答え、臀《しり》の後ろに隠し持っていたものを出して見せた。それは、彼が中学時代、試合で一度も使ったことがなかった、しかし自分の左手によく馴染んだグローブであった。

「なら、守備につけよ、ノックするから、外野で守ってごらん」

島田は白線を跨いで外野へと歩きだした。

鼓動が高鳴るのがわかった。ノックを受けるのは中学生以来のことだったし、事故後はリハビリ以外の運動をしていない。しかも、いまは利き腕がなく、上手に走れるかさえわからない。まるで入部テストのようなノックを、はたして捕ることができるのか。

外野で待つ山泉邦雄や谷口貴之ら、青いユニフォーム姿のメンバーのもとへ、黒いジャンパーを着た島田が歩いていった。その姿を、母とよ子、父幸雄、弟正幸が、金網フェンスの外から見守っていた。三人は緊張した。せっかく自ら行動を起こしてくれたのに、いきなりノックで出端《でばな》を折られてほしくない。なんとか球を摑《つか》んでもらいたい。三人は掌を合わせて天に祈った。

島田が守備位置についた。

「いくぞ！」

矢本が手に持つ白球を掲げた。

島田は左手にはめたグローブを挙げ、「おう」と小さく応えた。

矢本が球を宙に放り、それを金属バットで打ち上げた。

きいんという金属音がして、球が天高く上がり、どんどん小さくなっていった。

それを見上げながら島田は走りだし、やがて足を止め、額《ひたい》のあたりにグローブを翳《かざ》した。

点のように小さくなった球が、しだいに大きくなり、急速に落下してきた。

「あっ！」

金網の外にいる母と弟が同時に叫んだ。

ぱしんとグローブが鳴り、つづいて山泉や谷口らメンバーの拍手が鳴った。

「やるじゃねえか！」

矢本が満足そうに微笑みながらいった。

それは、どこにでもある普通の公園で、普通のノックを、普通の選手が、普通に捕ったという、ただそれだけの瞬間でしかなかった。

けれども、人は、一瞬にしてすべてを甦《よみがえ》らせることもある。

とよ子は、息子の一瞬を見つめていた。そして隣に立っている夫に向かい、「おとうさん、おとうさん、ヤスユキが捕ったよ！」と叫びながら、幾度も夫の肩を揺すった。ふと、とよ子は息子から眼を離し、無言のままでいる夫の横顔を見た。

夫は、泣いていた。事故のときも泣かなかった夫が、いま泣いていた。

その様子を見ていた弟正幸は、帰ったら兄に両親の喜びようを伝えようと思った。そして、家での兄の個人練習につきあって、キャッチボールの相手をしようとも思った。ノックを捕ることができるだけでは、野球における守備は十分ではない。捕った球を、投げなくてはならない。しかも、すぐさまに。それは、利き腕を失ってしまった兄には困難な動作であろう。だが正幸は、聞いたことがあった。かつて、隻腕の野球選手がいたということを。その投手は左手で捕って左手で投げる離れ業を習得し、メジャーリーガーにまでなったということを。さらにはニューヨーク・ヤンキースに所属した平成五年、ノーヒットノーランを記録して世界中の身体障害者を勇気づけたということを。

ジム・アボットのように──。

いつか、きっと、兄も野球ができるようになる。アボットより苦労は多いだろう、アボットは生まれながらにしての隻腕で、幼い頃から遊びのなかで妙技を自然と覚えたが、兄は二十歳を過ぎてから利き腕を失ったのだから。それでも、兄ならやれると思った。苦しみのどん底から立ち上がり、このグラウンドへと続く扉を自ら開いた、兄ならば。

この日の練習中、監督の矢本は一つ歓喜し、一つ懸念した。

新加入の島田泰幸は駿足であった。このチームのメンバー三人のうち二人は下肢障害者で、残る一人は老齢の山泉であり、だれひとり速く走ることができない。野球は、いくら打つことができても、走れなければ意味がない。身体障害者野球の特別規則に「打者代走」がある。下肢に障害がある打者の代わりに、塁上にいない同チームの選手ならば幾度でも同じ選手が本塁附近《ふきん》の定位置から一塁へ走ることが許されている。下肢障害者でも野球を楽しめるようにと連盟理事長の岩崎が考案した規則であった。島田の加入で、二人の下肢障害者が走らなくても済むことになった。また守備でも、広い外野を任せることができるため、島田の走力は貴重であった。捕ることは問題ない。あとは捕ると同時に同じ腕で投げることと、左腕一本で打つことを覚えればいい。島田は大事な戦力になると、矢本は確信した。

問題はむしろ、身体面より、精神面にある、矢本はそう思った。島田は他のメンバーと接することを避けているように見えた。休憩のときは輪から離れて独りで立ちつくし、道具の後片付けのときも独りで球を拾い集めており、けっきょく練習中、彼が他のメンバーと話しているところを見なかった。さらに気になったことがあった。右腕を失った彼は、メンバーにもそのことを隠すように、もう六月になるというのにトレーニングウェアの上からジャンパーを羽織り、あたかも右腕があるように右袖《みぎそで》を膨《ふく》らませ、袖口をポケットに押しこんでいた。

——時間がかかるかもしれねえな。

本格的な野球経験者がいないこのチームにおいて、唯一中学生まで野球部に所属していた島田の技術や知識は財産で、他のメンバーに伝えてくれればチーム全体が向上できる。だがそのためには、まずチームメートに馴染んでもらわなければならない。すくなくとも、障害のことを、隠さずにいられるぐらいには。

ふと、矢本は思いついた。いっそのこと、このチームのキャプテンに、島田をすえてみてはどうだろうかと。大会に出場するにはキャプテン一名を連盟に登録しなければならない。発起人の山泉はチームの代表を務めており、道具や練習場やスケジュールの面倒までみてもらっているため、これ以上負担をかけるわけにはいかない。谷口は練習熱心だし運動神経も抜群だが、性格的には自分を障害者と認めたくないほどに頑固である。他者の意見を聞くような質《たち》でもなく、キャプテン向きではないと矢本は思っていた。また、もう一人だけいる竹《たけ》田賢仁《だたかひと》という選手は、公務員として区のスポーツ施設で働いているために土日勤務が多く、練習に出られないことが多々ある。島田なら、どうか。彼をキャプテンにしてしまえば、いやでもメンバーの輪の中へ飛びこまざるをえないし、メンバーも彼をもりたてようとするだろう。寡黙な彼に言葉でチームをまとめるような統率力は望めないが、大人の集合体であるこのチームに、余計な言葉などいらない。ただ輪の中心で、野球に対してのひたむきさを見せてくれれば、それでいい。


「シマダくん、っていったっけ」

練習後、独り佇《たたず》んでいた島田のもとへ、一人の選手がやってきた。

その選手はユニフォームを脱いでおり、上は白いTシャツ、下は黒い短パン姿であった。

歩いてくるその選手の脚を一瞥《いちべつ》し、島田は見てはいけないものを見てしまったというような顔をして、慌てて眼を逸らした。

「ぼく、竹田といいます、シマダくんは、野球が上手なんだね」

竹田が辞儀すると、島田も腰を折って深々と頭を下げた。島田は、竹田の脚が気になった。短パンからのびているそれは、右だけ本来の肉体ではなく、アルミフレームでできた義足であった。

「ああ、これね」

島田より四歳年上の竹田が、剝き出しになった義足を撫《な》でた。

「これからの季節はさ、長時間、長ズボンなんかはいていると、汗で蒸れちゃうんだ」

それから、しばらくその場に腰をおろし、竹田は自身の過去を島田に語って聞かせた。

野球は未経験で、このチームに入ってから始めたこと。学生時代はバスケットボール選手で、推薦入学した大学でポイントガードを務めていたこと。全国大会出場を目指していた三年生のとき、交通事故に遭って右脚を切断したこと。それでもバスケットボール部をやめず、トレーナーとして選手を支える側にまわったこと。だが選手であることにもこだわりたくて、シッティングバレーボールをしていること。そしてこの春から、このチームで野球も始めたこと。

「これまで、俺さ――」

竹田がいった。島田も竹田も黒い短髪で、汗に濡れて細く尖《とが》った髪が鋼鉄《はがね》のように光っていた。

「室内競技しかしたことなかったからわからなかったんだけど、野球って、いいね、太陽とか、土とか、芝とか、自然を感じながら、思いきり動きまわれてさ」

島田はときおり返事をするだけで、自身のことはなにひとつ語らずに黙ったままであった。事故のことも、手術のことも、障害のことも、島田にとってはまだすべてが現在《いま》であり、触れられれば敏感に痛む生々《なまなま》しい心の傷であった。この場で竹田に話して聞かせることはできなかった。

「おうい、そろそろ帰るぞお」

山泉が二人を呼ぶ声がした。

「日が昏《く》れちまうよ」

谷口も遠くで続けた。

けれど、と島田は思った。

未来、いつかずっと先のことかもしれないが、眼前にいる竹田のように、たとえ心に深い傷痕が残ろうと、それが癒《い》えて乾く日がくればいいと。同じ痛みをわかちあえる仲間ぐらいには、失った右腕のことを、隠さずにいられる日がくればいいと。そして、長袖のジャンパーを脱ぎ捨て、半袖のアンダーシャツ姿で、太陽や、土や、芝や、自然を感じながら、思いきり動きまわれる日がくればいいと。

コールド負けのデビュー戦

がらんとし、ひっそりとした試合前のグリーンスタジアム神戸は、深緑色の座席群と背後の森とが同化して、まるで太古からそこに在《あ》る厳かな高山のように屹立《きつりつ》して見えた。

「なにやら興奮してくるなあ」

白く輝くホームベース附近で、山泉邦雄が円模様に平《なら》されたグラウンドを眺めながら手ぐすねをひいていた。

チーム結成後、初の公式戦、しかも全国大会である。

「俺たちがこんなところでプレーできちゃうわけ？」

石灰で白線がひかれた打席内で、谷口貴之がバットを持たずに素振りする真似《まね》をしていた。

「ダッグアウトも使っていいのかな」

三塁側のベンチ内で、竹田賢仁がバットケースやヘルメットケースを意味もなく触れていた。

島田泰幸は、無言であった。彼は一人ファウルグラウンドに立ちつくし、昂揚《こうよう》する他のメンバーの声が聞こえないかのように、誰もいない観客席を茫然《ぼうぜん》と見上げていた。そして、涙が溢《あふ》れてきたのを気付かれないよう、アンダーシャツの襟首《えりくび》で瞼を押さえた。

多摩ベースボールクラブ。

命名した球団代表の山泉が、頭文字《TB》を花文字にしてあしらった帽子とヘルメット、そしてユニフォーム一式を拵えた。だが全国身体障害者野球大会出場にあたり、どうせなら「多摩」ではなく「東京」と大仰《おおぎょう》にいこうではないかとの意見がでた。さらには連盟側からも、平凡な「ベースボールクラブ」よりも個性的な愛称がいいと助言された。今大会には全国各地から二十チームが参加するが、愛称は多様である。山形ベアーズ、静岡ドリームス、名古屋ビクトリー、奈良スピリッツ、岡山桃太郎……。今回初戦の対戦相手は、近畿地区代表の阪和《はんわ》ファイターズ。

「名前だけでも派手にいこうよ」

谷口がそういい、できあがってきた帽子とユニフォームの青を意識して改名することになった。

東京ブルーサンダース。

これなら、花文字《TB》のままでいける。

しかし、多摩だろうが東京だろうが、いまは名称などどうでもいいと、監督の矢本敏実は思っていた。問題はメンバーが集まらなかったことにあった。職場の多摩障害者スポーツセンター内に募集ポスターを幾枚も貼ったが、野球に興味のある利用者は見つからなかった。やむをえず連盟理事の岩崎廣司に電話をかけ、メンバー不足を理由に大会出場を断念する旨を申しでた。さぞ落胆されるだろうと思いきや、岩崎に笑われた。

「どのチームも最初は選手集めに苦労するものです、神戸で待ってますから」

さらに数日後、登録締切日が間近になっても部員を増やせず、電話口で頭を下げつつ岩崎に詫《わ》びたが、また笑われた。

「しっかりしなさいよ、もうチーム登録を済ませてありますから」

矢本は血相を変えた。こうなったら是が非でも九人集めなくてはならない。施設内のアイスホッケー選手、シッティングバレーボール選手、バドミントン選手にまで声をかけ、プロの本拠地で試合ができること、全国大会の東京代表になれること、すぐにレギュラーになれることなどを惹句《じゃっく》に手当りしだい勧誘した。神戸までの交通費が自己負担であることや、車椅子で遠出したことがないことを理由に断られつづけたが、矢本はめげなかった。旅費を貸したり、球場まで車椅子を押すからと約束したりして、ようやく九人集めたのは大会直前のことであった。

海側から吹く湿った風がスタンドで渦を巻き、電光掲示板上の日章旗を複雑に揺らしていた。

梅雨《つゆ》入りして十七日目、三塁側ベンチ内で佇んでいる監督の矢本は、いまにも雨粒が落ちてきそうな鈍色《にびいろ》の天《そら》を見上げていた。

――勝てるはず、ねえよなあ……。

正規部員より、臨時部員のほうが多い素人集団。勝利を諦めてしまい、てきとうにゲームセットを待てば、それは楽だろう。だが、そんなふうにわりきれないでいる自分がいた。

――東京代表だぞ、全国大会だぞ、グリーンスタジアム神戸だぞ……。

このグラウンドに足を踏み入れたとき、総毛立った。現役時代にはプレーしたことのない球場の巨きさと、そしてなにより、こんどは監督として、またグラウンドへ戻ってこられたことに。社会人野球を引退したとき、指導者になることを夢見て会社を辞めた。彼にとってこの日の試合は、まさに夢への第一歩であった。

矢本の高校時代の同級生には、名門校野球部の監督になって甲子園へ行った者がいる。それに比べると彼が率いるのは、全国大会出場とはいえ予選すら経ていない、まやかしのような東京代表である。

人の一生は不平等で、ときにそれは、残酷なほどである。

甲子園へ行って有名監督になった同級生と、指導者としてまだ無名の矢本を隔《へだ》てたもの。それは、努力の量ではない。彼は野球にとりくんできた青春時代、他の選手たちと同質の汗を流しつづけてきた。足りなかったのは、いくら努力しても、もはや自分では如何《いかん》ともしがたい天授のものではないか。

その不条理を、しかし矢本は憂《うれ》えない。彼は世にもてはやされるために野球をしてきたわけではない。結果に恵まれずとも、過程で全力であれたなら、それだけで満足できる。誰にも見向きもされない無名の大会で、無名チームを率いる、無名監督ではあっても、試合においては、いつでも懸命でありたかった。

まるでワールドシリーズを翌日に控えたメジャーリーグの監督のように、矢本は眉間に皺《しわ》を寄せてオーダーを練った。臨時部員は穴埋めとし、まずは正規部員をどう配すか。

四人は、年齢も、障害も、性格も異なる、個性的な選手たちであった。

山泉邦雄、五十七歳。

若い頃からの突発性難聴でほとんど耳が聞こえない、しかし自らの障害を笑いとばすほどに明朗かつ鷹揚《おうよう》。矢本は山泉を三塁手で起用した。にわかに野球を始めた選手ではゴロ処理はもちろん、一塁へ遠投することもできない。草野球で投手以外の守備をどこでもこなした

「おっちゃん」なら安心して任せられる。

谷口貴之、二十六歳。

幼少期に左脚神経が麻痺し、しかし自らを障害者だと思いたくないほどに頑固かつ努力家。左脚をひきながらでも健常者と遜色《そんしょく》ないほどに走ることができる運動神経抜群の谷口に、矢本はマウンドを任せることにした。「投げさせてください」と彼は自ら志願してきた。フォームは流麗で、球が速く、肩も強そうだった。なにより、負けず嫌いな性格が、現役時代の自分同様、投手向きだと矢本は思った。

竹田賢仁、三十一歳。

大学時代に交通事故で右脚を切断し、しかし自らの義足を隠さないほどに勇胆かつ強靭《きょうじん》。怪我する以前はバスケットボールの特待生として大学に推薦入学したほどの竹田を、矢本は捕手として起用したかった。捕球が上手く、肩もよく、そして新人島田にいち早く声をかけたような気配りもできる。だが臨時部員のなかには車椅子利用者がおり、その選手は捕手以外どこも務まりそうになかった。矢本は竹田が義足であることを考慮し、走る動作が少ない一塁を守ってもらうことにした。

島田泰幸、二十七歳。

職場での事故で利き腕を切断し、しかし自らの意志で野球を始めた内気で寡黙なキャプテン。駿足で野球経験もある島田を、矢本は迷わずレフトに配した。障害者野球でも右打者は多く、左へ飛ぶ当たりが多い。島田ならフライはもちろん、ゴロ処理も無難にこなせる。遠投に不安はあるが、贅沢《ぜいたく》はいえない。

試合開始直前にして、矢本は憔悴《しょうすい》していた。体力勝負の指導員の仕事をこなしつつ、休日すべてを部員勧誘や練習に充ててきた。そして大会前日は仕事を終えた後、メンバーに加わってくれた臨時部員の車椅子を押しっぱなしで東京から神戸の宿舎へと移動した。エスカレーターのない階段などでは、駅員とともに車椅子ごと選手を抱きかかえて昇降した。宿舎に着いてからは食事が喉《のど》を通らなかった。現役時代から、重要な試合の前夜はいつも緊張した。「顔色がよくないですよ」とこの晩も谷口からいわれた。食事はもちろん、乾杯のときのコップ一杯のビールすら飲めなかった。そのうえ、蒲団《ふとん》にもぐってから一睡もできなかった。打順はどうするか、先攻後攻どちらをとるか、天候はどうか、選手の体調はどうか。頭のなかがいっぱいになり、ようやく眠気がおそってきた頃に夜が明けてしまった。

「みんな集まって！」

ベンチ前で矢本が召呼すると、キャッチボールをしていたブルーサンダースの全選手が集まった。疲れはて、しかし真剣な矢本とは対照的に、選手たちは遠足のバスから降りたばかりの小学生のように元気いっぱいで、暢楽《ちょうらく》としていた。

「一つだけ――」

　矢本はいった。

「みなさんに約束してほしいことがあります、それは、この試合で、全員が、自分のもっている力をだしきること」

　――相手だって、同じ人間、同じ素人、同じ障害者チーム同士じゃねえか、全力で挑めば、点差はそう開くはずない、たとえ敗れても、全力であれたなら、惨《みじ》めな思いはしないで済む。

「両チーム集合！」

　遠くにいる球審から声がかかった。

　ホームベースをはさんで整列しての試合前の挨拶が始まる。一塁側ベンチ前から、対戦相手の阪和ファイターズナインが一目散に駆けだしてきた。なかには脚が不自由な者もいたが、それでも両腕を振って必死の形相《ぎょうそう》で駆けてきた。いっぽう三塁側のブルーサンダースナインは、高校野球のテレビ中継で見られるその儀式自体初めて経験する者が多く、恥ずかしげに、ゆっくりとホームベース附近へと向かっていった。いちばん先に着いた島田が振りかえると、幾人もの選手がまだ後ろで歩いていた。

　――しまらねえなあ。

　ベンチ前で直立している矢本は、選手の背中を押したくなった。

デビュー戦が始まった。

先攻はブルーサンダース、先頭打者はキャプテンの島田。

「とにかく転がせ、三塁方向へバウンドさせれば、おまえの足なら全部ヒットにできる」

右打席に立ち、左腕一本でバットを握る島田は、中学時代までは補欠で、この試合が初めての先発出場であった。緊張のあまり左手の震えが止まらなかった。それでも矢本の助言を信じるように、初球を地面にたたきつけた。打球はホームベース前で大きく弾んだ。彼は速かった。ワンバウンドした球が宙にあるうちに、塁間の中程にいた。前進してきた三塁手が素手で捕球するも、すでに島田は一塁ベースを駆けぬけていた。

さらに二死後、臨時部員の四番打者のレフト前ヒットで駿足島田が二塁から生還した。先制のホームインに三塁側ベンチは狂喜乱舞した。みなが抱きあって喜び、まるでサヨナラ本塁打を放った者を讃《たた》えるようにして島田を揉みくちゃにした。島田は恥ずかしげに白い歯をのぞかせた。それは、あの事故以来、彼が見せた、初めての笑顔であった。

お祭り騒ぎのなか、矢本一人は無表情であった。この試合、一点勝負とはみていない。相手の先発投手はサイドスローで制球力こそあるが球威はない。数点奪えるかもしれないが、こちらがそれを守りきれるか。自軍はといえば連携プレーはおろか、守備練習さえほとんどしていない。投球をバットに当てられてしまえば、その綻《ほころ》びを露呈してしまう。一点では喜べない。少なくとも五点以上は欲しかった。

しかし、先制後、二死一塁で五番谷口が直球を強振して三振。得点は一点どまりで攻守交代となった。

「おちついていけ！」

ベンチを出た選手たちに向かって矢本は叫んでみたものの、返事はなかった。さきほどのはしゃぎぶりが嘘《うそ》のように、みなおし黙って守備についた。身を縮めて守る彼らの様子からは、球が飛んでこないことを祈るような弱々しさがただよっていた。内野手がキャッチボールを始めたが、ぽろぽろと球をこぼした。動きが硬そうに見えた。

――こいつは何点あっても足りなそうだな。

矢本はマウンド上の谷口に期待した。普段の練習どおりの投球なら、そうは打たれまい。球速だけなら相手投手よりだんぜん速い。三振の山を築けば、守備力は問われない。

矢本はしかし、すぐに失望した。谷口の挙動がいつもと違ったのだ。「投げさせてほしい」と直訴してきたときの、ふてぶてしいほどの自信と落着きはどこかへ消えており、まるで満員のスタジアムで始球式を任された少年のようにおずおずしていた。

先頭打者への初球、彼が投げた球は捕手のミットに収まらなかった。

二球目も、三球目も、四球目も、大きく外れてボール。ストレートのフォアボール。

「谷口、リラックス！　リラックス！」

矢本が叫んだが、谷口はベンチを見る余裕さえないようであった。

二番打者にも初球はボール。

二球目、置きにいった真ん中の直球をレフト前へ弾かれ、無死一、二塁。

三番打者にもストレートのフォアボール。

四番打者にはストライクが一球のみで、押し出しのフォアボール。

島田が足で稼いだ先取点がたちまちふいになった。

ここで矢本は立ち上がり、マウンドの谷口に「打たせていけ」と指示した。

だが五番打者のショートゴロの間に三塁走者が還《かえ》って逆転されると、六番打者のセンター前ヒットでさらに二者が還って四失点。

以降は七番打者にフォアボール。九番打者にもフォアボール。打者一巡して先頭打者にもフォアボール……。

矢本は谷口を諦めざるをえなかった。谷口頼みで代わりの投手などいないものの、ストライクが入らない投手では対戦相手に失礼だし、なにより谷口本人を傷つけたくないと思った。

極度の緊張による制球の乱れは、矢本も現役時代に経験していた。一点もやれないと力めば力むほど、全身の筋肉が硬直して球がいうことをきかなくなった。野球は個人競技ではなく、投手一人の失態でチーム全体が迷惑する。口でこそ強がりをいうが、いま谷口を襲っているのは、強い責任感ゆえの重圧に違いなかった。休日を返上して障害者のためにボランティア活動している谷口の姿からは、彼の心の叫びが聞こえてくる。俺を見てくれ、障害者だってこんなに強く生きられるんだぜ、人に手を差しのべられるほど強くなれるんだぜ、だからみんなも頑張ろうぜ。この試合でも、きっと自分の頑張りを多くの人々に承認してもらいたいがため、先発登板を直訴したのだろう。谷口は障害者ゆえに、障害者にエールをおくりたいのだ。

「ピッチャー交代」

矢本は球審に告げた。

谷口は肩を落とし、臨時部員と交代した。

――もう二度と。

悄然《しょうぜん》としてマウンドを降りた谷口の背を見つめながら矢本は思った。

――あいつを投げさせるのはよそう、どこか、あいつが、あいつのままでいられるポジションを見つけてやろう、そして、いつまでも、鼻っ柱の強い、チームの牽引《けんいん》役でいてもらおう。

その後のブルーサンダースは悲惨であった。

谷口の代役もフォアボールを連発した。たまにストライクが入ると痛打された。投手だけではなく、守備もひどかった。失策の多さは仕方ないとしても、ぎりぎりで捕れそうなプレー、いわゆる球際で飛びつくような執念をみせる者はおらず、かんたんに後逸した。そして、そんなまずい動きのあとは、きまって選手は笑ってごまかした。

三人目の投手を送りこんだとき、試合が終った。障害者の疲労に配慮した連盟独自の規定により、障害者野球公式戦では試合開始から一時間二十分を超えると新たなイニングに入らず、コールドゲームとなる。阪和ファイターズの攻撃中に一時間二十分が経過した。

東京ブルーサンダース、コールドで初戦敗退。

試合後、みなで道具を片付けてベンチを空にし、三塁側の観客席に上がった。試合開始時間が午後零時五十分だったため、人数分注文した弁当が段ボール箱に入れたまま置かれてあった。午後二時過ぎの、遅いランチタイムとなった。

選手たちから少し離れ、矢本は一人で座席に腰掛けていた。誰かから弁当を一つ、手渡された。透明な蓋の下に、鮭の切身や揚げたシュウマイや胡麻をふった白米が見えた。昨晩からなにも喰《た》べていないが、彼は蓋を開けず、じっとしていた。

「ごめん、ごめん、俺、緊張しちゃってさあ」

背後で声が聞こえた。谷口が誰かと話しているのだろう。すまなげではあったが、ごまかすような笑いが混じっていた。

「しょうがねえよ、あんまり練習もできなかったしさ」

竹田の声だ。彼も笑っていた。

「最高だったな」

「気持よかったな」

「昂奮《こうふん》したよな」

「めったにできるもんじゃねえよ、こんなところで野球なんか」

いろんな選手の、いろんな声が聞こえてきた。

ブルーサンダースの面々は、まだユニフォームを着ていたが、ピクニックに来た集団のようで、長閑に談笑しながら弁当を遣《つか》っていた。

黙然と箸を動かしていたキャプテンの島田が、ふと、矢本を見た。矢本は弁当を膝の上に置いたままで、動かずにいた。どうしたのだろうとしばらく矢本を見守っていた。やがて島田は、なにかに気付いたというような顔をし、箸を置いた。

矢本の肩が、小刻みにふるえていた。

きっと、自分たちの敗北に監督は憤っているのだ、そしてみなが敗戦を忘れたように淡々とし、話したり笑ったりしていることを叱りとばすのではないか、そう島田は思った。けれども、そっと矢本の表情を覗《のぞ》いてみて、はっと息をのんだ。

矢本は泣いていた。大きな背を丸めて泣いていた。俯いてぽろぽろと涙をこぼして泣いていた。

とりたてて人に誇れるような実績をのこせなかった矢本のような元選手は、世にごまんといる。たいていはどこかでふんぎりをつけ、灼熱《しゃくねつ》のグラウンドから退き、温暖な日常へと没入してゆく。熱く滾《たぎ》るような生きがいはなくとも、安定した職に就き、家族を養うことさえできれば、それで人生は価値あるものだと片付けてしまうことができる。ときには草野球をしたり、プロ野球を観たりしながら昔を懐かしみ、あたかもアルバムに自分自身を貼り付けて押入れの奥にしまいこむようにして、情熱をすっかり過去のものにしてしまうこともできる。それは自己防衛本能でもあろう。無名選手が引退後も無理矢理野球にしがみつくとしたら、よほどの幸運に恵まれないかぎり、行く末には傷まみれの未来が待っているだけなのだから。

矢本敏実は、草野球を好きではないし、プロ野球観戦も好きではない。

彼にとって野球は、いつまでも現在なのだ。

現役引退と同時に会社を辞めた。上司に慰留されたが、野球をするために入った企業であり、野球ができなくなったのなら、野球に関わるための環境に移るほかないと思った。そして、指導員になり、ブルーサンダースの監督をひきうけた。日曜日が休日ではない彼は、野球のために年間の有給休暇のほとんどをついやした。可愛《かわい》い盛りの二人の子どもが遊んでほしそうに戯れてくるのを振りほどくようにして、自宅の玄関をとびだした。旅行の一つも連れて行ったことがない妻にもいいたいことはあるだろう。それを聞かずユニフォームに着替えてグラウンドへと自転車を走らせた。時間や労力だけではない。小遣いのすべてを今回の神戸遠征費に充てた。臨時部員の旅費までたてかえた。そうまでしても、野球が恋しかった。グローブの革の匂い、汗や涙や土埃《つちぼこり》の味、ガッツポーズしながらの歓喜、帽子をたたきつけながらの悲嘆、それらすべてが恋しかった。恋しさのあまり、彼はいまだに、灼熱のグラウンドにしがみついている。

よほどの幸運など、彼にはなかった。ブルーサンダースの選手たちのぶざまなプレーぶりは、そのまま、いまの彼の滑稽《こっけい》な立場をも象徴していた。

——くそっ。

矢本は泣きながら、心のなかで唾《つば》を吐《は》いた。

——こいつらは負け犬だったんだ、負けて笑える負け犬だったんだ、悔しがれねえ負け犬だったんだ、緊張しちまったからしょうがねえ、仕事が忙しくて練習できなかったからしょうがねえ、相手が強かったからしょうがねえ、しょうがねえ、しょうがねえ、なんでもしょうがねえでわりきれちまう負け犬だったんだ、俺は知らねえ、負けて悔しがらねえ選手なんて、小学校時代から見たこともねえ、もうやめた、負け犬と野球をしようと思った俺が馬鹿だったんだ、こいつらの監督なんかやめた、負け犬とは野球をしたくねえ、俺の大切な野球を、こいつらとはしたくねえ。

ネットの向こう側では、すでにつぎの試合が始まっていた。

一回戦の第五試合、神戸コスモス対福島アクロス戦。

矢本は泣きながら、見るともなくグラウンドを眺めていた。

ふと、我にかえった。

――なんだあ⁉　このチームは。

神戸コスモスに眼が釘《くぎ》付《づ》けになった。

それは、素晴らしい動きであった。横っ飛びで大飛球にくらいつく外野手。華麗にダブルプレーをきめる内野手。豪速球で三振をうばう投手。ブロックサインで内野の陣形を指示する捕手。選球眼のいい先頭打者。右打ちをして走者を進める二番打者。鋭い振りで長短打を連ねるクリーンナップ。歯をくいしばって全力疾走する走者。

そして、じっと戦局を見つめる連盟理事の岩崎廣司の姿がベンチにはあった。彼は神戸コスモスの創設者であり、監督でもあった。五年前にこの全国大会が始まって以来、神戸コスモスはすべての試合で勝利し、毎回圧倒的強さで日本一になっていた。評判は聞いていたが、まさかここまでの野球をするとは矢本には信じられなかった。選手規定は、聴覚、言語、視覚、内部、知的障害者の参加は各チーム計二名までで、それ以外は身体障害者福祉法規則による障害の等級分で六級までの上下肢障害者と決まっている。だが訓練されたナインの動きは、健常者のクラブチームとでもいい試合ができるだろうと矢本には思えた。しかもプレーばかりではない。三振した選手のバットを叩きつけて悔しがる執念があった。激しくスライディングする走者の接触を恐れない勇気があった。中腰になって一軍選手を声で励ましているベンチウォーマーたちの結束があった。矢本は理想を見せつけられた気がした。

この試合を見つめていたのは、矢本ばかりではなかった。

ブルーサンダースの面々が、弁当を喰う手を止めて呆気《あっけ》にとられていた。

みな、顔つきが一変していた。

「身体のどこに障害を負っているのかわからないほどで、あまりに衝撃的で」と山泉。

「眼が覚めた思いで、俺たちはなにしにここへ来てたんだって、恥ずかしくなってきて」と竹田。

「俺たちも、もっとできたんじゃないのかって、だんだん悔しくなってきて」と島田。

「すげえなと思って、でもあのピッチャーの速球を打ってみたいなって」と谷口。

――こんな野球、うちのやつらじゃ、いつまで経っても、できるわけねえ。

ほんのひとときで、選手たちの心持《こころもち》ががらりと変わったことを知らない矢本は、ブルーサンダースの監督をやめる決意をかためていた。

レギュラーになれ

ドリームリーグ。

日本身体障害者野球連盟の愛称である。

東京ブルーサンダースが全国大会で初戦敗退した翌日、神戸は一日中、土砂降《どしゃぶ》りの雨となった。高校野球や大学野球なら雨天順延もあるが、全国から集まったドリームリーグの選手たち――ほとんどがごく普通の社会人――が平日の月曜日まで神戸に延泊できるはずもなく、やむなく二回戦から決勝戦までが中止となった。

雨にすら勝てないドリームリーグは、プロ野球はもちろん、日本と名のつくあらゆる野球組織より知名度が低く、予算も少ない。それでも、発足当時は「遊び」としか思われなかった全国大会が、選手たちが競技性の高さを示すことで「試合」として認知されつつある。いまでは多くの自治体やプロ野球選手個人からの後援を得るなどし、ゆっくりと普及、発展している。

世界初となる障害者による野球リーグ発祥の地は、神戸である。

昭和五十六年、本格的な障害者野球チームが誕生し、それに呼応して関西各地で大小のチームが結成された。ほどなくそれが全国にひろまり、この時点で登録チーム数は三十、登録者数は七百を超えた。

ものごとの始まりは、えてして、ある個人の、ささやかで、しかし、熱情にみちた動機による。

身体障害者野球は、遠い午後の日の、陽射《ひざ》しのなかから生まれた。

連盟理事長の岩崎廣司がまだ小学生だった頃、彼が夢中になったのはゲルマニウムラジオの工作と、そこから流れてくるプロ野球中継であった。地元兵庫県福崎《ふくさき》町の山間部で、遠い都会の球場で行われているプレーに耳をすまし、プロ野球選手になりたいと憧れた。だがその夢が叶《かな》わないことは、自身がいちばんよくわかっていた。彼は骨髄炎《こつずいえん》を患《わずら》っており、治療のために入退院をくりかえしていた。化膿《かのう》性の細菌が骨髄に侵入して骨や周囲の組織を損壊するその難病は、彼から左脚の自由をうばい、草野球をすることすら許さなかった。十七歳のときに症状が悪化し、左膝から下を切断。青春期のほとんどを神戸市内の療育院で過ごし、孤独や、虚無や、倦怠《けんたい》や、絶望のなかにいた。

術後しばらくして、療育院へプロ野球選手が慰問《いもん》に現れた。彼より二歳年長の、まだプロ入りしたばかりの福本豊《ふくもとゆたか》であった。病室で岩崎を見舞うなり、阪急ブレーブスの駿足外野手は意外なことをいいだした。

「外に出てキャッチボールしようや」

療育院では、テレビを視《み》たり、レコードを聴いたり、たまに身体を動かすといっても車椅子に坐《すわ》ったまま卓球《ピンポン》をするぐらいのもので、キャッチボールはもとより、建物の外に出たことすらなかった。勇気をふりしぼって福本についてゆき、外に出た。陽光のあまりの眩しさに、「あっと思った」と彼はいう。閉ざしていた心が開かれてゆく瞬間であったのだろう。わずか数分間のことだったが、アスファルトの路上でプロ野球選手とキャッチボールしたことが、暗闇にいた彼を明るみへと誘《いざな》った。

福本の慰問以降、療育院内での遊びは野球の真似事がほとんどになった。同じ病棟に入院している子どもたちを集めて試合もした。やがて彼も仲間も退院して県内外の各地へちりぢりになった。同窓会をするたび、野球が面白かったという思い出話に花をさかせた。

その後、進学、就職、結婚し、社会の一員として成長した岩崎には、野球への感謝の念が芽生えてきた。あの日のキャッチボールがあったから、苦しみや悲しみを遠ざけられたし、野球をした仲間がいたから、寂しさや虚《むな》しさからも逭《のが》れられた。服飾関連の企業に勤めながら、いつかは野球に恩返しがしたいという使命感をいだくようになった。野球を、多くの身体障害者に伝えられないものか。野球で、光を与えられないものか。野球なら、リハビリにもなるだろうし、社会参加の機会もつくれるはずだ。

息子の誕生という幸甚《こうじん》に恵まれた岩崎は、決意して入院時の仲間に電話をかけた。

「障害者の野球チームをつくらへんか」

県内のみならず、県外からも仲間が集まり、日曜日のたびに十一人でキャッチボールをした。まさか大人になってから野球ができるようになるとは思いもよらなかったこと、野球をやりたかったが健常者のチームには入れなかったことを、仲間の口々から聞いた。ならば、野球ができる環境にいない多くの障害者のために、「夢のリーグ」をつくろうではないかと話を発展させた。まずは自分たちのチームに名をつけた。

神戸コスモス。

宇宙のように無限に、障害者にも野球がひろまってゆくようにと命名した。

ドリームリーグ結成にあたっての妨げは多かった。

まず、チームを増やす以前に、コスモスの対戦相手を見つけるのに苦労した。障害者によるチームはコスモスしかなかったし、健常者のチームに対戦を申しこんでもすべて断られた。最初の数年は病院の患者や医師のチーム、養護学校チームとの遊びの域を出ない試合しかできなかった。社会が進歩して障害者福祉に関心が向けられるようになると、障害者スポーツセンターのような施設が増えてきた。そこに集う障害者のあいだでコスモスの存在が口伝《くちづ》てにひろまっていった。怪我や病気で野球を諦めかけていた障害者は岩崎の想像以上に多く、コスモスに続いて数々の障害者チームが誕生した。やがて障害者チーム同士で切磋琢磨《せっさたくま》が始まり、対戦相手には困らなくなっていった。

それでも、岩崎の悩みは尽きなかった。通常の野球規則に従って試合をすすめたが、不都合が多かった。長打を放っても一塁の半分まで走るのがやっとの打者がいたり、打者走者に追いこされる二塁走者がいたり、すぐそこにある後逸した球を捕るのに何十秒もかかる捕手がいたり。本来スポーツは楽しむべきものであるのに、このままでは障害による不公平感で、野球に苦痛を感じる選手がでてきてしまう。異なる障害がある者が一つの競技で楽しむためには、運動能力の差違を新たな規則でうめてゆくしかない。岩崎はアメリカの例をひこうと文献をあさったが、野球の母国でさえも障害者チームは存在せず、参考にできる資料はなにひとつなかった。仕方なく『野球規則』のすべてを見直し、個々の技術進歩を妨げてしまわぬように配慮しつつ『身体障害者野球規則』を作成していった。

《打者代走》。重度肢体障害者は走塁を免除され、代わりの選手が走塁のみを行うことができる。

《指名代打》。重度肢体障害者は守備を免除され、代わりの選手が守備のみを行うことができる。

《ボールデッド》。暴投や捕逸の場合、重度肢体障害者はミットに球を当てれば捕球と見なす。

ほかにも、《盗塁禁止》《バント禁止》《振り逃げ禁止》と、走ることが不可能な障害者でも参加できることを基本に、規則を確立させていった。これにより、松葉杖を離せぬ者や、車椅子利用者でもプレーできるようになるなど、いっきに間口がひろがった。同時に、規則が明確化されたことで「野球ごっこ」が真剣勝負の「野球」そのものへと変化し、各チームのレベルが飛躍的に向上した。

なかでも、神戸コスモスは猛練習の末に公式戦負け知らずの強豪となり、高打率かつ五十メートルを六秒台で走る「隻腕のイチロー」こと金沢《かなざわ》泰弘《やすひろ》外野手や、百二十キロを超える速球が武器の「義足の大魔神」こと東《あずま》井《い》豊《ゆたか》投手ら、障害者野球の名選手を輩出していった。

岩崎自身も神戸コスモスの捕手として活躍していたが、選手の若年齢化により現役を退いた。野球ができなくなったことは寂しかったが、それ以上に多くの若者がコスモスに入部してくれるようになったことが嬉しかった。いまは監督として選手を育成しつつ、その活動範囲を関西から全国へとひろげ、「伝道師」として各都道府県の障害者施設をまわっては、障害者野球の普及活動に尽力している。平成五年には、念願だったドリームリーグを発足させた。年に二度の全国大会や数々の地方大会の主催と奨励。指導者講習会、審判員研修会、野球教室、合宿の開催による競技力向上。さらには健常者チームと対戦する際の公平な統一規則二十項目を作成し、健常者との交流促進にも務めた。

そんな岩崎の新たな夢は、障害者野球の日本代表チームを結成し、世界各国の障害者チームを招待して世界大会を開催すること。そして確実に成長しつつあるドリームリーグを、次代に継承してゆくこと。彼より十四歳年下の東京ブルーサンダース監督矢本敏実が選手集めに四苦八苦しているとき、岩崎は熱っぽく諭したことがある。

「病床で壁に向かって、独りぼっちでキャッチボールしている選手が、東京のあちこちで、あんたを待っとんのやで、キャッチボールすらできずに、人生を諦めかけとる選手が、あんたを待っとんのやで、そんな人たちは、みんな、僕らの、仲間なんやで」

さて、東京ブルーサンダースである。

神戸から梅雨雲と一緒に帰京したような矢本は、久しぶりに家族と過ごす日曜日、自宅で娘と遊んだ。休日に父が在宅していることがよほど嬉しかったらしい長女みなみが、彼の傍から離れなかった。娘と戯れているあいだじゅう、矢本は幾度も壁に掛かっている時計に眼を遣った。野球をしていると瞬く間に過ぎさってゆく時間が、ゆっくり流れているように感じられた。

神戸での出来事が脳裡《のうり》にこびりついて離れなかった。自軍のぶざまな敗北、試合後の選手たちの笑い声、そして神戸コスモスの勇姿。彼我《ひが》の差に愕然《がくぜん》としつつ、監督辞任の決意をかためた。大会から一カ月経っても、矢本はメンバーの誰にも連絡しなかった。

幾度か野球とは無縁の日曜日が過ぎたある日の夕方、仕事中の矢本を訪ねて多摩障害者スポーツセンターに珍客が現れた。ブルーサンダースのキャプテン、島田泰幸であった。わざわざ群馬から車を走らせてやってきたという。彼は片腕で器用に運転できるようになっていた。

「あの……」

日昏《ひぐ》れどき、仕事を終えた矢本と用具室で二人きりになった島田がいった。

「自分は、仕事を再開しました」

きけば、事故以来休職していた会社に復帰し、毎日忙しく働いているという。

これまで、就職活動をしていない障害者のブルーサンダースへの入部を矢本はなるべく断ってきた。経済的に独立できず、社会や家族に依存したままの選手では、勝利のための真剣な野球をすることは不可能だと思っていた。じっさいに長年無職の施設利用者が入部を希望してきたとき、野球をするまえにまずは仕事を探してみないかと助言した。それを無視して練習試合に参加してきたその選手は、すぐに無断で練習を休むようになり、やがてまったく顔を見せなくなった。

手術を終えて退院したばかりだった島田の場合は、精神的な痛手も大きいだろうし、仕事のことにはふれず、まずは野球で元気をとりもどしてもらえればと入部を拒《こば》まなかった。その彼が職場に復帰したと聞き、矢本は嬉しかったし、彼の両親の心中を察すると、さぞ安堵していることだろうと思った。

ただ、それもこれも、いまとなってはどうでもいいことになってしまった。もはや、ブルーサンダースとは、縁をきるつもりでいるのだから。

「俺、監督を辞めるよ」

矢本は島田にきりだした。

「もう、おまえたちと野球をするつもり、ないからさ」

多くを語らなかったが、島田には矢本がいいたいことがわかる気がした。以前矢本から聞かされたことがあった。ほんとうの意味での真剣な野球とは、練習中にチームワークなどないのだと。勝つためには、互いのミスを責めあい、互いの傷を突きあうようにして、強くなるしかないのだと。そうして勝利を求めるその過程ののちにこそ、真の歓喜があるのだと。けれども、ブルーサンダースは、互いのミスを慰めあい、互いの傷を舐めあって、敗れても平然としていた。監督の理想とは程遠い現実に、おまえたちと野球をするつもりはないといわれても、島田には反駁《はんばく》できなかった。

「矢本さん……」

島田がいった。

「キャッチボール、してくれませんか」

日が長くなり、午後六時を過ぎてもまだ、二人の影がくっきりとグラウンド上にのびていた。施設の向かいにある公園に着くなり、島田がボストンバッグから使い古しのグローブと白球を取りだした。キャッチボールをしてほしいという島田の意図がよめなかったが、矢本は用具室から持ってきた自身のグローブを、胸の前に構えてみせた。

島田が球を投げた。白いはずの軟式球が、夕日に染まって橙《だいだい》色《いろ》に見えた。矢本は黙ってそれを受けた。そして、隻腕の島田がいま投げた左手にグローブをはめるのを待ってから、球を投げ返した。

そのときであった。

島田の動きを見た矢本は、「あっ」といったきり動けなくなった。

矢本の返球を捕った島田が、左手にはめたグローブで球を宙に投げあげ、その間にグローブを外して地に落とし、素手になった左手でボールだけを摑み、矢本めがけてストライクを投げてきたのだ。要した時間は一秒にも満たない早業《はやわざ》であった。

「おまえ……」

それは、二人の間で、「いつかモノにしよう」と約束していた技術であった。野球経験者の島田が入部したときには、その駿足ぶりや捕球の巧《うま》さに喜んだ矢本だったが、投げる姿には失望した。利き腕を失っている彼は、身体に籠状の装具をつけてきて、捕球後、グローブを外してそこへ置き、球だけを左手で摑みなおして投げていた。捕球から返球まで、十秒以上かかることさえあった。しかも慣れない左腕での投球は、遠投はおろか五メートルほどしか届かず、暴投も多かった。そんな島田に、矢本は慰めるようなことはせず、厳しい口調でいったものだ。

「外野を守っているおまえのところにゴロで打球が飛んだら、どんどんランナーに走られちまうよ、そんな装具は試合では使いもんにならねえぞ」

どうすれば速く、遠くへ、正確に、投げられるようになるか。矢本は練習のたびに島田と一緒に試行錯誤した。たどりついたのは、かのジム・アボット同様の早業を会得するしかないという結論であった。それは困難を極めた。捕球後にグローブで球を投げあげることができなかったり、球が宙にあるうちにグローブを外せなかったり、宙にある球が素手で摑めなかったり。島田は失敗ばかりをくりかえしたが、矢本は練習を続けさせた。

「いつか――」

矢本は島田にいったことがあった。

「頑張り屋のおまえなら、ぜったいにできるようになるから、諦めるんじゃねえぞ」

そして、いま、その「いつか」を、島田が披露してくれた。よどみない、鮮やかな動きであった。あの敗戦以来チームは練習をしていなかったが、彼は一人、確実にアボットに近づいていた。

矢本は自分のグローブに収まったばかりの球を見つめながら、しばらく動けずにいた。

「いつか」を現実のものとするために、島田はどのくらいの時間と労力を費やしたのだろう。連日弟につきあってもらってキャッチボールしていたこと。連夜眠る直前まで自室の床に座《ざ》蒲団《ぶとん》を敷いてそこにグローブを素早く落とす練習をしていたこと。グローブの紐《ひも》を幾度も調節して落としやすいように工夫していたこと。それらを矢本は知らないが、想像はできる。利き腕を切断してから間もないというのに、自ら望んで、健常者には不必要な苦労と努力をしてきた彼の頑張りを。

矢本は、球を投げ終えたばかりの遠くに立っている島田を見た。

いつも無表情だった島田が、何かを語りかけるように微笑んでいた。

矢本は、事故に遭う前の、ほんとうの島田の表情を初めて見たような気がした。

それから、しばらく二人はキャッチボールを続けた。いつのまにか、「いまのはいいぞ」「そうじゃない」「こうしたらどうだ」と、矢本は助言しはじめていた。汗だくになりながら、球が見えなくなるまで、二人はグローブを鳴らしつづけた。

「いつか――」

日が落ち、真っ暗になったグラウンドで島田がいった。

「自分たちでも、神戸コスモスみたいな野球が、できるようになりますか」

それは、キャプテンである島田なりの、矢本に対する慰留の言葉であったのだろう。

矢本はそれには答えず、心のなかで「ごめんな」といった。

――ごめんな、島田、……利き腕を失った大事故から、ようやく野球によって、たちなおりかけているおまえから、この俺が、野球を奪っちまって、いいわけねえよな、……俺だって、指導者として、野球を追いつづけるという夢を、捨てちまって、いいわけねえよな、もう二度と、どんなことがあっても、監督を辞めるなんて、口にしねえからな。

「なあ、島田――」

声に出して矢本はいった。

「中学時代、ずっと控え選手で、試合に出られなかったおまえだけど、こんどは、ブルーサンダースで、レギュラーになれよな、そして、野球だけじゃなく、社会でも、もう一度レギュラーになれよな、おまえなら、野球を通じて、もっと、強くなれる、おまえだけじゃない、みんなが、もっともっと、強くなれる」

神戸コスモスの岩崎廣司が約二十年かけて歩んできた道を、まだ選手が九人揃っていないチームの監督が、わずか数年で辿《たど》って日本一になるためには、どれだけの奇蹟が必要だろう。

「いつか——」

それでも、矢本は、島田に答えた。

「コスモスにだって、勝てるようになるさ」

エイティーンの回帰線

顎《あご》の先端から汗を滴《したた》らせながら、矢本敏実は休まずにノックを放っていた。

「さあ立て！」「落とすな！」「体で止めろ！」

矢本は掌の血豆を無視し、縦一線に列《なら》んで腰を落とす選手めがけ、二時間以上もバットを振りつづけていた。

打倒神戸コスモスという明確な目標ができた選手たちは、横ざまに倒れながらも球足の速いゴロやショートバウンドに喰《く》らいついていた。すでに数えきれないほどの打球をさばいている四人は、喘《あえ》ぐほど激しく肩で呼吸しているものの、拳《こぶし》でグローブを叩きつつ、矢本をあおるように口々に叫んでいた。

「さあこい！」「まだまだ！」「もう一本！」

選手たちの眼に、大会でコールド負けした直後の諦観や自嘲や妥協の色はなかった。走り、飛びつき、倒れ、汗と砂とを舐めながら、ほんの一センチでもグローブをゴロに近づけようと腕を伸ばすその姿は、まるで自らの未来を摑みとろうとでもするかのように逞しかった。

連日充実した練習が続いていた。矢本は選手たちの技術的、精神的な成長に手応えを覚えながら、しかし一方では彼らが発奮すればするほど、焦燥と切迫を感じていた。いっこうに新入部員が集まらないのである。身体障害者施設をまわっての勧誘や部員募集の貼紙を続けていたが、一人として増えない。日本における身体障害者数は四百万人を超えるとされる。シーズン中には毎晩のようにプロ野球中継がある国のことであり、実際に神戸コスモスは二軍や三軍まで存在するほどに選手層が厚い。だが東京では探しまわってみても、ブルーサンダースへの入部希望者は見つからない。もはや練習は遊びの域を超え、健常者のクラブチームとなんら変わりないものになりつつある。勝利を求めて四人の奮起を促した手前、つぎの大会も半数以上の選手を臨時部員で穴埋めして臨むわけにはいかなかった。

《39》山泉邦雄、内野手。
《3》谷口貴之、内野手。
《9》竹田賢仁、捕手。
《10》島田泰幸、外野手。

メンバー不足を思うとき、ふと選手たちの背中に眼を遣ってしまうことがある。ブルーサンダースでは、部員が好き勝手に背番号を選んでいいことにした。むろん内野手や外野手も欲しかったが、なにより投手がいないことには試合にならないという事実を、あのコールド負けのデビュー戦で痛感した。このところ矢本は毎日のように、まだ見ぬ新顔に《18》を要求されてそれが縫いつけられたユニフォームを手渡す自分を夢想していた。

背番号《18》。

「野球は巨人」という風潮が根強かった黎明期の昭和初頭からV9時代にかけて、ヴィクトル・スタルヒンに始まり、中尾輝三《なかおてるぞう》（のちの碩志《ひろし》）、藤田元司《ふじたもとし》、堀内恒夫《ほりうちつねお》と、読売ジャイアンツでは、ほぼ一貫して主力級の投手が背負うことで《18》＝エースという印象が定着していった。読売以外でも、阪神タイガースの若林忠志《わかばやしただし》ら昭和のエースが築いたイメージを、西武ライオンズに入団した松坂大輔《まつざかだいすけ》ら平成のエースたちが継承した。

東京ブルーサンダースには、エースがいなかった。

神奈川県横浜市郊外鶴見川《つるみがわ》沿いの佐江戸《さえど》地区には、野球のグラウンドが幾面もとれそうな広大な敷地に、近代的な建物が連なる工業団地がひろがっている。その一角にある三階建の松下電器産業《まつしたでんきさんぎょう》ヘルスケア社玄関口には、ありふれた傾斜と、段差と、段数による階段がのびている。踊場《おどりば》の壁にある小さな窓からは午後の高い陽がのぞいており、階段の一部を白く照らしている。その光を踏みながら、ワイシャツ姿の若者や、ネクタイを締めた管理職風の中年や、制服を着た女性が、律動的に靴底を鳴らしつつ忙《せわ》しなく階段を駆けあがっている。

そこで一人、草色の作業服に身を包んだ男だけは、靴音をさせていない。彼だけが異空間にでもいるかのようで、静かに、ゆっくりと、一段一段、時間をかけて階段を上っている。建物にはエレベーターも設置されているが、それに彼は乗らない。木製の手摺《てすり》を右手できつく握りしめ、真剣な面持で、確実に、一歩ずつ、上へ、上へ。

もし、と金子栄治《かねこえいじ》は思うことがある。

もし、身体が自由なままだったなら。

もし、野球を続けられていたなら。

もし、人生をあのまま真っすぐに突っ走れていたなら。

金子には、社内の期待の星として眩く輝いていた過去があった。いまはしかし、階段ですれ違っても、彼に眼をくれる者などなく、つぎつぎと追いこされてゆくだけ。

もはや、彼はプロ入りを嘱望《しょくぼう》された野球部のスター選手ではない。片手でもできるようにと、超音波診断装置などの医療機器に貼られるラベルの印字や貼付の業務をうけもっている一社員にすぎない。

もし、という架空の世界を、いくら羨望《せんぼう》しようとも、彼はそこを生きられない。

生きられるのは、野球ができなくなってしまった、現実の人生、一つきり。

階段を上ることさえままならない、現在の人生、一つきり。

エースになるべくして生まれてくるような、恵まれた人間がいる。

金子栄治がそうであった。

野球好きの父福《ふく》に育てられ、三歳年長で野球をしていた兄秀太郎《ひでたろう》について小学一年生のときから野球に親しんだ。往年の名投手沢村栄治《さわむらえいじ》からもらった名に負けず、天授の体軀と強肩で、四年生になると地元少年野球チームのエースで四番打者に。中学生時代には東京都大会で準々決勝まで勝ちすすむ原動力になった。私立高校からスポーツ推薦の勧誘をうけるも、あくまで一年生からマウンドに立てる環境を希望して都立港《みなと》工業高校へ入学。一年生の秋からエースになり、甲子園行きこそ逃したが、最後の東《ひがし》東京大会では三回戦まで勝ちあがった。時速百三十キロの速球や一試合五つの二塁打を放つ大会新記録で、全国紙で大きくとりあげられて話題になった。

高校卒業後は松下通信工業の軟式野球部に入部。二年後にはクラブチームのオール浦和《うらわ》にも所属し、全日本クラブ選手権で三位になった。球速は百四十キロ台後半にまで達しており、職場の上司から松下通信工業の母体である松下電器産業への推薦移籍を打診された。

松下電器産業野球部は昭和二十七年に創部された社会人硬式チームの名門で、全国都市対抗野球でも準優勝経験がある。そこで活躍できればプロのスカウトの眼にもとまりやすく、ゆえに二十一歳の金子にとって、この推薦移籍はプロ野球選手になるという幼い頃からの夢に前進する大きな一歩であった。

松下電器産業への入部テストを目前に控えた彼は、深夜二十三時過ぎに帰宅してからでもランニングを欠かさなかった。さらにノンプロでプレーするには線が細いことを指摘されていたこともあり、筋力増強剤を定量の倍ほども牛乳に溶かして飲みつづけた。

金子は倒れた。

土曜日の午前練習を終えて自宅で着替えている最中に、突然激しい頭痛を感じた。身体に力が入らず、救急車で病院へ運ばれてから睡魔《すいま》に襲われ、そのまま深い眠りにおちた。

倒れてから三日間眠りつづけ、昏睡《こんすい》状態からようやく目覚めたとき、母良子《よしこ》から告げられた。

「大丈夫、右は動くんだよ」

「右は動く」ということは、左は動かないということか。慌てて左腕を動かそうとしたが、ぴくりともしなかった。

病名は、脳梗塞《のうこうそく》であった。

医師に治療法を確認すると、二十一歳での発症は世界的にも例がなく、今後どれだけ機能が恢復するかは断言できないといわれた。

自身が半身不随になったことを、眼では理解できたが、心では納得できなかった。夜、一人で病院のベッドに寝ていると、両手を使って製品の半田付《はんだづ》けをして働いている姿や、両足で立って外野の球拾いをしている自分の姿を幻視した。努力して障害に克《か》ってみせる、症例がないのなら自分が元どおりになることを証明してみせる、そして何年かかろうともマウンドへ戻ってみせる、俺はエースなんだ、ベッドで寝ているわけにはいかないんだ。潰れてしまいそうになる心を、野球という名のつっかい棒で、かろうじて支え、彼は生きていた。

半年後、リハビリを始めた。新宿にあるリハビリセンターへ入所し、反応しない左半身に向かい、動け、動け、と念じるように、誰よりも多くの時間、誰よりも厳しい運動を自らに課した。それは凄まじい、大会直前の特訓にも似た、貪《むさぼ》るようなリハビリであった。

けれども、ときに人生には、けっして努力では乗りこえることができない、障壁がたちはだかることもある。

「残念だけど――」

リハビリセンターの医師から、その現実をつきつけられた。

「どんなに頑張っても、君の左半身は一生動かない」

症例がないのにそんなこと断定できるはずない、そうかぶりを振りつづけた。だがその施設で長年勤務して幾百人もの脳障害患者のリハビリにたずさわってきた医師から、「つらいだろうけれど、野球ができないことを覚悟したほうがいい」と断言された。

それは、彼にとって、生きるめあてを失うことを意味していた。

惨めな敗残者《はいざんしゃ》として、グラウンドの外から眺めるだけの人生。

喰べ、眠り、呼吸し、無意味に日々を空費するだけの人生。

明日へ向かうものがなにひとつ含まれていない、黒一色でぬりつぶされた人生。

心を支えていたか細いつっかい棒が、脆《もろ》く折れる音がした。


その夜、彼は病室へ戻らなかった。

電話で自分の左半身が一生動かないことを家族に告げると、リハビリセンターを抜けだし、新宿駅から小田急線の乳白色の電車に乗った。寝巻姿のまま松葉杖を抱え、一時間以上も車内で揺られた。

鵠沼《くげぬま》海岸駅で下車した。そこは、彼が幼い頃に家族とよく来た砂浜がある思い出の場所。中高生の頃には、野球部の仲間と波にもまれて遊んだこともあった。

なぜ生きるのか、なぜ生きねばならないのか、答えが見つからなかった。

小さな駅舎を出ると、誰もいない闇の海へと歩きだした。

ひたすら、まっすぐ、ためらいもなく。

生きることの苦しみが、限界点を超えてしまうときがある。

一線をまたがずにいる者は、とりわけ弱すぎるわけでも、強すぎるわけでもない。

金子栄治の生をとどめたのは、ほんの偶然による。

夜九時過ぎ、暗闇で独りぼっちのはずの死地は、しかし明りが焚かれて昼間のようで、五十人ほどの人集《ひとだか》りができていた。その明るみに包まれ、大勢が奇声を発しながらビーチバレーに興じていた。いかにも楽しげに、なんの憂いもなく。

金子は立ちどまり、立ちつくした。

寝巻姿の彼は、松葉杖に身体をあずけたまま、動く人々を眺めていた。

しばらく、じっと、眺めていた。

病室で眠らずに待っていた母が泣きじゃくりながら縋《すが》りついてくると、浜辺から戻った彼は微笑んでみせた。

「ちょっと昔に戻ってみたくなっただけだよ」


「ほんとかよ！」

矢本敏実は叫ぶようにいった。

「硬式のオール浦和でピッチャーやってたって⁉　松下でプロを目指していたって⁉」

金子は恥ずかしげに頭を搔《か》いた。

彼の顔は少しふっくらとし、謙遜のためか頰に赤みがさして健康そうにみえた。

浜辺の夜から四年が経った。

やはり、野球であった。

野球のために生きてきた彼が、生きるために野球を選んだ。

人伝てに障害者野球の存在を聞いたとき、暗黒のベッドに、ほんの一条《ひとすじ》の光が射した気がした。以来、失ったものを取りもどすことより、残されたものを活かそうと思いはじめた。

発症前、球速百四十キロ台後半、遠投百二十メートルを誇ったが、わずか五メートル手前にある壁にすら球が届かなくなった。そこから四年、左半身を使わずに、右脚だけで立ち、右腕だけで投げる、それでいて球速百キロ、遠投五十メートルのキャッチボールができるまでになった。とうてい他者には理解しえない些細《ささい》な工夫をつみかさね、多くの失敗と、わずかな成功とを、彼はくりかえしてきた。

職場へも復帰した。上司の飯塚久典《いいづかひさのり》は、金子の変わりように驚いた。倒れた直後は悄然《しょうぜん》としていたが、時を経るにしたがって、もとの潑剌とした、野球に全力を注いでいた頃の彼に戻りつつあった。自宅から自力で通勤し、朝礼の挨拶では「障害者になってから、野球のほんとうの楽しさを見つけました」と全社員のまえで話した。内部監査委員に立候補し、二年間かかって資格を取得した。障害者野球を始めると聞き、飯塚は体調を心配しつつも監督の矢本に電話し、「よろしくお願いします」と頭を下げた。

また、金子はブルーサンダースへ入部する以前に、社の野球部へも復帰した。監督の羽毛《はけ》田保男《たやすお》は、半身不随の金子をいわゆるお客さん扱いするのではなく、すぐにベンチ入りさせた。「おまえのぶんまでみんなが頑張っている姿を見守ってやってくれ」と羽毛田はいった。金子はフィジカルコーチとしての役割をあたえられながら、自ら球拾いや打撃投手を買ってでた。以前はグラウンドの中心にいて、裏方の気持などわかろうともしなかったが、いまはエースでいられた頃よりも、チームのためになにができるかを考えるようになった。むしろ視野が広がったのではないかと羽毛田は感心した。

仕事や野球に対する積極性を、医師からは心配された。半身不随の患者が野球をすることは前例がないと制された。

けれども、彼は決然と医師にいった。

「前例がないからこそ、僕が歴史をつくるんですよ」

金子がブルーサンダースに加わった初めての練習日、前夜からの暴風雨《あらし》は去ったものの、しきりに細かい雨がグラウンドに降りつづいていた。

白地に金糸で《Matsushita》と胸に刺繡《ししゅう》されたユニフォームを着て、金子は現れた。だらりと左腕を下げたまま、グローブはつけず、右手に白球だけを握りしめ、杖をつかず、どうにか均衡《きんこう》を保ちつつ、彼は立っていた。

「思いきり投げてごらん」

雨など気にしていられないというような嬉々とした表情で、矢本は胸にグローブをかざしてみせた。プロ志望で、オール浦和で、全国三位。現役時代の実績は、矢本さえもしのぐ。山泉、谷口、竹田、島田のメンバー四人も、濡れながら期待の眼差《まなざし》で、新加入投手初の投球練習を見守っていた。

「さあ来い」

矢本が拳でグローブを鳴らした。

金子は息を大きく吸いこみ、それをゆっくり吐きだした。

片腕だけでセットポジションをとり、左肩越しに矢本のグローブを見つめた。

矢本が小さく頷《うなず》いた。

右脚に体重を預け、呻《うめ》くような声を低く短く発しながら、全力で右腕を振りきって、金子は第一球を投じた。その刹那、前方に移動した重心を左脚で支えることができないため、彼はつんのめって転倒した。グラウンドの水溜《みずた》まりに全身を突っこんだ。泥が激しくはねあがり、白かったユニフォームが真っ黒になった。顔にも点々と泥がはねた。見ていた他の選手が思わず吹きだして失笑し、慌てて口を押さえた。

泥沼で全身を汚して倒れたまま、しかし彼は、まっすぐに矢本のほうだけを見つめていた。矢本のグローブに、さっきまで金子が握りしめていた球が収まっていた。

「ナイスボール！」

矢本がいった。

倒れている金子のもとへ矢本は駆けよって起こそうとしたが、それを制するように、すぐに金子は一人で立ちあがった。

そして、「もう一球お願いします」といった。

金子は同じように投げ、同じように転んだ。それは投球というよりも、知らぬ者が見れば泥と戯れているようにも思える滑稽な動作であった。投球を見つめている四人から、いつしか笑いが消えていた。幾度目かに転倒した際、足首を挫《くじ》いて痛めたらしく、金子は顔を顰《しか》めていた。それでも彼は、投げつづけ、転びつづけ、起きあがりつづけた。

「もういい、もういいよ」

矢本はそういって球を返さず、金子のもとへ近づいていき、また起きあがろうとしている金子を抱くようにして肩を貸した。痛がっている金子の左足首を見た。無理に捻《ねじ》られたことで腫れあがっているのがわかった。

　金子が投げた球は、どれもプロを目指していたとはまるで思えない、草野球チームの投手程度の平凡な直球であった。だがその球を受けてみて、自身が投手だった矢本は、いろんなことを想像することができた。病気によって、大切に磨きあげてきたものすべてを根刮《ねこそ》ぎ奪われてしまった辛苦。左半身を使わずにこれだけの球を投げられるようになった努力。そして、返球されなくなるまで足を挫きながらも投げつづけたエースとしての矜持《きょうじ》。

　溢れだしそうで仕方がない涙を、口から呼吸することで、矢本は精いっぱいこらえていた。

「いい球だったぞ」

　泥まみれの投手を抱きおこしながら矢本はいった。

「空《あ》いてますか」

　顔の泥を拭いながら金子が訊《き》いた。

「なにが？」

「18」

　くすりと笑いながら、金子の背を一つ叩き、そして矢本は大きく頷《うなず》いた。

五十四歳の甲子園

東京ブルーサンダースにとって二度目の全国大会が始まった。

会場は前回同様グリーンスタジアム神戸だったが、ブルーサンダースの様子はコールドで一回戦敗退したときとは違っていた。もはや巨大なスタンドを見上げても修学旅行気分で浮かれている者はおらず、なにより全員が生白《なまじろ》くなく、精悍《せいかん》に日焼けしていた。定期練習を休む者はいなかったし、大会前には特訓までした。障害者野球の強豪相手に一勝すること、とりわけ神戸コスモスに追いつくこと。その明確な目標が彼らの肌を焦がした。

背番号《18》をつけた金子栄治がブルペンにいた。

神戸へ旅立つとき、金子は勤め先の上司飯塚久典から茶封筒を手渡された。

「おまえの努力は社員のみんなが見ていたんだよ、これはみんなからの気持だ」

開けてみると、新幹線往復運賃分の紙幣が入っていた。全国大会へ出場すると聞いた社員がカンパしてくれたものだという。

金子は、投げた直後に転ばなくなっていた。障害者野球では金属製スパイクの使用が禁止されていることもあり、左脚のふんばりがきかない。傾斜のついたマウンドで彼が倒れずに投げるのは至難の業であった。練習のたびごとに、膝が折れ曲がらないように装具をつけてみたり、それを外して膝と足首をテーピングで固めてみたりと試行錯誤した。また、左脚の筋力を恢復させようと、社内ではエレベーターを使わずに階段を上り下りし、街なかでは松葉杖なしで均衡を保ちながら歩行した。その甲斐《かい》あって、いまや球速は百十キロを超え、捕手を務める竹田賢仁のミットを高らかに鳴らすことさえできるようになっていた。

そして、ブルーサンダースには、金子の他にもう一人、正規部員が増えた。

全国大会初戦開始直前の守備練習で、その新一塁手は矢本のノックを受けていた。

富沢稔《とみさわみのる》は右脚が不自由で、打球を追う際に足をもつれさせて転倒した。矢本が辛抱強く

「ごめんなさいね！」

易しいゴロを打つも、少し左右にふられると、走って追うことができずに後逸した。

けれども、富沢におちこむ様子はない。笑顔を見せて素直に謝り、またすぐに守備位置へ戻っては大声を出してノックを求めた。彼の笑みは、失策に対する瞞着《まんちゃく》や自嘲ではなく、まるで初めて試合に出られる少年のそれのようで、期待の色に満ちていた。

彼は、若くなかった。

みなに頭を下げるとき脱帽するが、パーマで縮れた長髪は白さが目立った。彼には、妻と

成人した二人の娘がいる。この大会に出場するにあたり「全国選手権の東京代表選手になったぞ」と空威張《からいば》りしてみたが、家族は誰一人褒めてはくれなかった。そもそも、妻の陽子《ようこ》と二人娘の亜紀《あき》と身江《みえ》は野球の規則すらよく知らなかった。富沢は毎晩テレビでプロ野球中継を見たかったが、チャンネル争いではいつも多数決で妻と娘たちに敗れて蚊帳《かや》の外へ置かれた。障害者野球チームに入ったことも、娘たちからは妙なことに凝りだしたものだと奇異の眼で見られた。「あーあ、二人のどっちかが息子だったら、たまらなく嬉しい俺の気持をわかってもらえたのになあ」と聞えよがしに愚痴をこぼしてみても、娘たちにはまるで相手にされなかった。大会前夜、彼は一人、グローブを入れたボストンバッグを手に家を出た。実利実益とは無関係の、野球のための新幹線代を妻に要求できず、東京から神戸まで十時間かけて割安な夜行バスで会場へ向かった。

一晩じゅう車内で揺られて全身の節々が痛んだが、翌朝、グラウンドへ出るなり羽根が生えたような気持になった。嬉々としてノックを受ける五十四歳のはしゃぎぶりを見た相手チームの若い選手が可笑《おか》しそうにしていたが、彼は気にもとめず、溌剌と白球に飛びついた。

わずか数センチの、健常者が気にもとめない段差が、障害者の眼には、とうてい超えることのできない障壁に映ることもある。

富沢稔にとっての野球は、数センチの段差であった。

東京都江戸川区《えどがわ》で生まれた富沢は、野球好きの母富美子《とみこ》がナイターを放送するラジオに耳をすます姿を見て育った。彼はポリオウイルスに感染し、ものごころついた頃にはすでに右膝が動かなかった。それでも、下町の少年たちの遊びはもっぱら野球ばかりで、富沢は右脚をひきずり、ときには転げながらも、日昏《ひぐ》れまで近所の原っぱで友だちと球と戯れた。

小学三年生から六年生までの間、養護学校に入ることになった。そこでは全員が親許《おやもと》を離れ、世田谷区の施設で寝泊まりした。そこでもやはり、野球に熱中した。大部屋と呼ばれる広間で、大勢の仲間と軟らかいゴムボールを掌で打つ遊びは、毎日でも飽きなかった。なかには車椅子に坐《すわ》ったままの仲間がいたが、養護学校では全員がなにかしらの障害があり、その遊びに入れない子どもはいなかったし、独自に様々な規則をつくっては全員が楽しんだ。日曜日しか両親に会えなかったが、仲間と野球をすることで寂しさをまぎらした。仲間の笑顔を見て、自分ばかりが辛《つら》いのではないと自らにいいきかせた。

野球がすべてだった少年時代を過ごしながら、しかし中学に入ると、現実をつきつけられた。中学は公立の普通校へ通ったが、他の生徒に迷惑をかけるからと体育の授業は休まねばならなかった。野球大会や運動会には選手としてではなく、得点を記したり、旗を持ったり、テントの下でレコードをかけたりする係として参加した。もしも他の生徒同様に難なく走ることができるなら、高校では大好きな野球をして甲子園を目指してみたいと夢見ていた。だが否応なく自分とスポーツとの乖離《かいり》を思い知らされ、健常者に混じって部活に入る意欲も勇気もなかった。野球はきっぱり諦めた。

いつしか興味はグラウンドからステージへと移っていき、音楽にのめりこんでいった。大学卒業後に仲間とジャズバンドを結成し、プロのベーシストとして活動を始めた。二十六歳のときに肺炎を患ってステージを降りるまで、野球とは無縁の生活をおくっていた。

ベースを弾いていた頃は夜を自宅で過ごすことはなかったが、バンドを脱退して印刷工場に勤めてからは、毎晩テレビを見るようになった。きまってチャンネルをナイター中継にあわせた。昔、母がそうしていたように、彼もまた耳をすまし、眼を凝らしては、一球一球に一喜一憂した。やがて結婚し、生まれた娘二人が成長すると、なかなか野球を見せてはもらえなくなった。ときどき老いた母を連れて東京ドームへ足を運んだ。もう自身がプレーできなくともよかった。自身とはまるで異なる立派な体軀のプロ野球選手たちを応援することで、仕事の疲労をふきとばしたり、ありきたりな日常を少しだけ彩《いろど》ったりした。

白球を握らなくなってから四十年が経ったある日、テレビの情報番組で身体障害者野球の存在を知った。画面に映しだされた光景に息を忘れた。

「これは、いつかの俺たちじゃないか」

脚が不自由な選手の代わりに誰かが走ったり、盗塁やバントが禁止だったりする風変わりな規則も似ていたし、なにより選手たちの嬉々とした表情が、養護学校時代の仲間や自分と重なって見えた。親許を離れた幼い日々、孤独や不安から救ってくれたのが野球であった。大好きなそれを諦めてからの四十年間をふりかえれば、あれほど熱中したものには出会っていない。本塁打を放っても、三振を奪っても、なにかを貰《もら》えるわけでもなければ、誰かに褒められるわけでもない。それらはすべてが無価値といえたが、上手に打ちたい、上手に投げたいと、無我夢中で一《ひと》つ事《こと》に没頭していた時間は、かけがえのない記憶であった。

彼にとっての野球は、精いっぱいやりつくして離れた者とは異なり、いつでも手の届かない憧憬《しょうけい》の的でありつづけた。二人の娘も巣立ち、五十路《いそじ》の人生において、もし、もういちどだけ、やりなおせることがあるとするなら、野球がしたかった。子どもにかえって、無心で球を追いかけたかった。こんどは、最後まで、諦めてしまうことなく。

番組放送終了後、すぐテレビ局に電話をして東京を拠点とする障害者野球チームの連絡先を確かめた。つづけざまに東京ブルーサンダース監督の矢本へ電話をし、練習を見学させてほしいと願いでた。当日、キャッチボールだけであとは見ているだけの予定だったが、金属バットの快い音に心がはずみ、いてもたってもいられずにすべての練習に参加した。四十年ぶりの野球なのに、不思議と球が怖くなかったし、投げ方や捕り方も覚えていた。年齢が近い「おっちゃん」こと山泉邦雄がコーチ役を買ってでてくれ、グローブ捌《さば》きや連携シフトなどを丁寧に教えてくれた。また、娘ほどに年齢の離れたキャプテン島田泰幸や、内野手の谷口貴之、捕手の竹田賢仁、投手の金子栄治とも、子ども同士のようにたちまちうちとけた。メンバーはみな、身体のどこかが不自由だったが、養護学校での野球がそうであったように、恥じたり、隠したり、恨んだりせずともよかった。

監督の矢本はメンバーが障害者であることを忘れているかのようで、練習は過酷であった。五十四歳の富沢は、長らく身体を動かしていなかったこともあり、すぐに疲れてしまった。だが甲子園を目指す高校球児にでもなれたような気がし、苛烈《かれつ》なノックにも喜んでくらいついた。

しばらくして、全国大会を間近に控えた練習前、富沢は矢本から真新しいユニフォーム一式を手渡された。それは、野球に憧れつづけながらも、ただ観客席から見ることしかできなかった彼にとっての、生まれて初めてのユニフォームであった。即座に着替えた。青いシャツに袖を通し、青いストッキングをはき、青い帽子をかぶった。矢本とメンバー全員が笑顔で拍手してくれた。歳をとった新人は満面の笑みを見せ、しかしすぐに俯いてしまった。

「嬉しいです――」

富沢は眼に涙を浮かべていた。

「こんなに嬉しいこと、これまであったかなあ、まるで別世界に飛びこめたような気がします」

東京ブルーサンダースにとっては二度目、エース金子栄治と新一塁手富沢稔にとっては初めての、全国大会が始まった。

対戦相手の福島アクロスは、速球派投手を中心によくまとまった東北代表のチームであった。創部以来毎年全国大会に出場しており、これまで幾度も上位進出を果たしていた。部員総数二十八人を誇るその強豪に対し、しかしブルーサンダースの監督である矢本敏実は、もうコールド負けをするようなことはないだろうと予想していた。相手のエースを打ちこむのは困難だが、二、三点ならなんとか奪える。キャプテン島田泰幸は、駿足を活かして当てて転がす内野安打狙いの打撃を徹底して練習してきた。竹田賢仁は、元バスケットボール特待生でスポーツ万能だけあり、クリーンナップを任せられる長打力を備えつつあった。谷口貴之は、一発狙いの大振りが目立つものの、練習では柵越えの当たりを連発することもあった。山泉邦雄は、五十年も草野球で培ってきたミート率の高い確実なスイングで老巧さを醸していた。メンバー全員が守備力に不安を残しているものの、マウンドにはエースの金子栄治がいる。百十キロを超える速球で数多く三振を奪えれば、いい勝負ができる。

「エースのおまえと心中《しんじゅう》だ」

矢本はそういって金子の臀《しり》をたたき、マウンドへ送りだした。

ブルーサンダースは後攻のため、挨拶と同時にナインがグラウンドへ散った。

第一球、竹田のサインに頷《うなず》き、金子がストレートを投げた。その内角球を、相手右打者がひっぱった。レフトに上がった打球は、矢本が強引に勧誘した臨時部員によって捕球された。

「1アウト！　1アウト！」

捕手の竹田がマスクを取り、指一本で天を指しながら、金子とその後ろにいる全員に向かって叫んだ。

金子の投球フォームは安定していた。試合前、金子の左脚にテーピングを施したのは、女房役の竹田であった。竹田はバスケットボール選手として大学に推薦入学したあと、交通事故で右脚を失った。それでもチームに残り、レギュラー選手全員の体を預かるトレーナーを務めた。他の選手の脚に何百回とテーピングしてきた竹田の腕前は確かで、きつすぎず、程良い固さで、金子の左膝と左足首を締めつけた。そのおかげで金子は安心して全体重を動かない左脚に預けて投げることができた。

金子―竹田のバッテリーは、二番打者に対しても、速球とカーブで簡単に2ストライクを奪った。この試合、金子は全打者を三振させる心構えでマウンドへ上がっていた。ブルーサンダースの守備者には、臨時部員も含めて下肢障害者が多い。そのため簡単なフライやゴロでも安打となってしまう可能性がある。バットに当てさせたら自分の負け、そう金子は自身にいいきかせた。障害者野球は投手の役割がことさら重要なだけに、健常者の野球とは異なる難しさがある。プロを目指していたときとはまた別の、高次元の野球に挑んでいるという実感が金子にはあった。

二番打者に対し、見せ球の三球目を高めに外したあとの四球目、フォークボールを投じたとき、金子はスタンドに聞こえるほどに大きく舌打ちした。打者が体勢をくずしながらも球の上っ面をバットでかすらせ、三振を逃れたのだ。ぼてぼての当たりが、一塁線のフェアグラウンドに転がった。健常者の野球であれば、投手か捕手か一塁手が猛然とダッシュして捕球し、ベースカバーに入る二塁手に送球して難なくアウトに仕留められるゴロである。だが投手の金子は左脚が動かずに走れない。捕手の竹田も右脚が義足のために立ちあがるだけで精いっぱい。グラウンドにいる全員が、転がる球と、そして、一塁手とを見た。

一塁から必死の形相で前進してきたのは、走ることができない富沢稔であった。彼は右脚をひきずりながら懸命に歩いた。だが打球を目前にしたとき、足をもつれさせて転倒した。相手ベンチから歓声があがった。打球は捕手の竹田がおさえて一塁ベースカバーに入った二塁手の山泉へ送球するも、すでに打者走者がベースを駆けぬけていた。

「ごめんなさいね！」

富沢は悔しげに立ちあがると、それでも顔を上げ、笑顔をつくってみせた。

その後も富沢の失敗が続いた。正面の強い打球を捕れなかったり、送球を落としたり、ゴロを追えなかったり。

一回表のアクロスの攻撃が終り、ブルーサンダースナインがベンチへひきあげてきた。初回にして二失点。富沢の守備が痛恨で、さすがの彼もこの頃には笑みが消え、悄然《しょうぜん》と肩を落として「ごめんなさいね」とみなに謝っていた。わざわざ彼は投手である金子のところへいって頭を下げもした。

「僕が悪かったね、金子君はいい球投げているのにね、ごめんなさいね……」

バットに当てさせた自分がいけないのだと思っていた金子は、富沢にかぶりを振ってみせ、「気にしないでください」といった。

監督の矢本を含めたブルーサンダース全員が、是が非でもこの試合で強豪相手に悲願の一勝をあげたいと願っていた。それなのに新入り一塁手の拙守で二失点と出鼻をくじかれた。けれども、矢本と五人の正規部員は、誰も富沢を責めなかった。それは、彼らが勝利を諦めたからでも、年齢差のために遠慮したからでも、新入部員だから仕方ないと思ったからでもない。

彼らは、知っていた。五十四歳の新人が、どれだけの熱情《ねつじょう》を、この試合に込めているのかを。

富沢はこの歳になって初めて、バッティングセンターというものへ通いはじめた。しかもバットではなく、グローブを持参して。彼はバッティングセンターの打席に入ると、小銭を入れ、ホームベースの後ろでグローブを構える。赤ランプが灯《とも》り、機械が投じた球を、彼は打つのではなく、グローブで摑む。周囲の客がその奇行に眼を瞠《みは》り、あしざまに嗤《わら》う者もいる。右脚が不自由な、白髪頭の中年男が、屈《かが》んで機械の球を受けている。幾度も、幾度も、受けている。

彼は野球が好きだった。彼は障害者であり、健常者のチームには入れなかった。彼には息子がおらず、投げたり捕ったりできなかった。彼はキャッチボールをしたことがなかった。だからいま、四十年間を取りもどすように、マシン相手にキャッチボールを始めたのだった。

エースの金子は、失敗を続ける富沢の守備を、結果だけでは責めなかった。金子は健常者だったとき、どんな打者にも百四十キロ台後半の豪速球で勝負してきた。打てるものなら打ってみろと、天賦《てんぷ》の才を見せつけてきた。プロを目指していたその頃は、後ろを守るチームメートが失策すると露骨に怒鳴った。エラーした野手とはベンチで口をきかないことさえあった。いまは違う。彼は変わった。

金子は富沢に笑顔を見せて「大丈夫ですよ」といった。

「まだ攻撃がいっぱい残っていますから、それに、つぎの回こそ、俺、三振とりますから」

俯いたままベンチに坐《すわ》っていた富沢は、顔を上げて一つ頷《うなず》くと、「ありがとう」といった。


健康な身体で、恵まれた才能で、万人に感嘆されるプロ野球選手による好守がある。

不自由な身体で、恵まれない才能で、誰にも見向きされない障害者野球選手による拙守がある。

光のなかにいつづけた頃には気付きもしなかったことが、闇にまぎれて、こんどは自らを照らすように生きている者には、わかる。尊《とうと》いのは、結果ばかりではないことが。バッティングセンターでキャッチボールをするような人知れぬ過程にも、誰にも理解できない、価値や意味があることが。


東京ブルーサンダースは敗れた。

その後も一塁手の失策があり、彼は外野の臨時部員と交代させられた。

けれども、五十四歳は、しょぼくれなかった。二回裏、七番打者の彼は、一死走者なしでまわってきた打席で、センター前へぬける痛烈なヒットを放ってみせた。ブルーサンダースベンチの全員が立ちあがって拍手した。

金子の投球も素晴らしかった。二回から三回にかけて四者連続三振を奪うなど好投した。また、打線も三番打者の竹田と五番打者の臨時部員による適時打で二点を奪った。

しかし、金子の脚が痛みだした四、五回に、七失点された時点で時間切れのゲームセット。またも一回戦突破、神戸コスモスとの対戦という目標は達成できずじまいであった。

前大会ではコールド負けした直後にへらへら笑う選手たちを見て情けなさのあまり涙した矢本だった。同じ大敗でも、この日は泣かなかった。試合後、悔しがって一言も発せずにいる富沢のもとへ、矢本は近寄っていった。

「嬉しかったです」

矢本は富沢に頭を下げた。

「富沢さんたち、選手全員のプレーを見ながら、俺、現役を引退してから初めて、ああ、野球をしてんだな、また野球ができているんだなって気持になれたんです」

その夜、神戸三ノ宮《さんみや》のバスターミナルから東京行きの深夜バスに乗りこんだ富沢は、またも前夜同様に一晩じゅう座席で揺られた。

バスの車内、つぎの練習予定を、スケジュール帳に書きこんだ。

母への空振り三振

都心から十キロと離れていないそこは、広さ七千平方メートルの周囲を雑木林で遮られ、小鳥が交わす囀《さえず》りのみならず、羽ばたきさえも聞こえるほどの静寂を保っていた。

東京都障害者スポーツセンター運動場。

そのグラウンドの片隅に、二人はいた。

おもむろにグローブをはめると、彼らはキャッチボールを始めた。

背丈の高い若者がセットポジションから右腕を横に振りきってサイドスローで一球放った。

背丈の低い若者が屈んでそれを受けた。

グローブがぱしんと大きな音をたてると、木々にとまっていた小鳥の群れが驚き、いっせいにどこかへ飛びたっていった。

捕手役は下地正《しもじただし》、二十一歳。彼の右指の関節はすべて頑なに曲がったままで、右手で球を摑むことができない。そればかりか右脚全体の筋肉が左脚に比べると極端に細い。野球はおろか、歩くことさえままならず、いまも球がどこかへ転がると、それを拾うには転ばぬように注意しつつゆっくりと歩いて追いかけなければならなかった。

投手役は小川雅士《おがわまさひと》、二十三歳。下地のグローブめがけて投げこむ速球は百二十キロを超える。帽子を被ってはいない彼の後頭部には、病との壮絶な闘《たたか》いを明示する長さ二十センチもある傷痕が刻まれている。

芝生でおおわれた明るい日向《ひなた》は他の競技団体が予約済みで、二人は運動場の隅っこで球をやりとりしている。その木立《こだち》の陰は年じゅう日が当たらないためか、じめじめして蘚《こけ》臭い。彼らの足許《あしもと》に生えている名も知れぬ草々はいかにも弱々しく、小川が一球投げるたびに靴底で根が千切《ちぎ》れ、黒土が剝きだしになってしまう。

黙々とキャッチボールを続ける二人のユニフォームは、青。

胸の花文字は、《TB》。

二人は、東京ブルーサンダースの新メンバーであった。


下地正は、母と二人で生きてきた。

東京都江戸川区にある四人掛けテーブルが一つきりの、広さ六坪の居酒屋で働く母敏子《としこ》と二人暮らし。父を亡くして中学を卒業してからずっと、店を一人で切盛りする母を手伝っている。開店は夕方五時、閉店は深夜十二時と決まってはいるものの、客がいるかぎり店仕舞《みせじま》いしない。眠るのが朝方になるのはいつものことで、それでも敏子は仮眠するだけで、外が暗いうちから仕入れのために市場へ向かう。その間に下地が店の掃除や洗いものを済ませておく。敏子が帰ると二人で仕込みをする。やがてまた日昏《ひぐ》れどきがやってきて、店を開けて二人で客を待つ。

下地は母胎《ぼたい》から産みおとされるとき、母とのつながりである臍《へそ》の緒《お》が首に絡《から》まってしまい、脳の一部が損傷して右半身麻痺になった。そのために数えきれないほどの悔しさを彼は味わってきた。小学校の体育の授業で、みなが五段、六段と跳箱を跳び、ときには段上で前転してみせているとき、彼だけは体育館の隅に置かれた三段の跳箱さえも容易に跳べなかった。鉄棒や雲梯《うんてい》や縄跳も、校庭の隅で見ていることしかできなかった。左手の握力が四十キロ以上あるのに対し、右手は十キロあるかないか。肩関節も九十度以上回らずに右腕だけ挙げられない。足はアキレス腱《けん》が収縮しているために右踵《かかと》だけ地面につけられない。休み時間は教室を出て校庭で野球をして遊んだが、片手でしか球やバットを握れず、走ることもできなかった。あまりに辛《つら》い思いをしたある日、家で敏子にあたりちらした。われしらず、母を責めるような言葉が衝《つ》いて出た。

「俺なんか、産んでくれなくてもよかったのに」

いった直後に叱られるかもしれないと思い、こわごわと母の顔を見た。母はしかし、ただ黙って悲しげに眼を伏せていた。

高校へは行かず、十五歳から母を助けた。進路相談などしなくとも、経済的に負担をかけられないことや、母が疲れ果てていることは日々の生活を見ていればわかった。店を手伝いながら、職業訓練校へ通うことにした。店の客は年々減る一方で、将来のことを考えれば、二人して店にしがみついているわけにはいかない。自分が定職に就くことで、母に楽をさせたかった。

職業訓練校で、下地は二つのことに眼を開かされる思いがした。

一つは、自分が法的に庇護《ひご》される身体障害者だったことに気付いたこと。職業訓練校の教員に身体障害者手帳の所持を問われ、「そんなものは持っていない」と答え、申請したこともないのかと訊くので頷《うなず》くと驚かれた。これまでは、自身の身体のことを嘆くたび、「タダシは普通の子なんだよ、弱音をはいたりしちゃ駄目だよ」と母からいわれて育ってきた。母の方針は徹底しており、小学校から中学校まで、養護学校や特殊学級ではなく、一貫して普通校の普通学級に通わされた。外で運動をしなさいともいわれ、クラブ活動はサッカー部に入った。むろん不自由を感じたことはあったが、たとえば電車やバスに乗ったときに優先席に坐《すわ》ることも母に許されなかった。

職業訓練校の教員に促され、役所へ行って身体障害者手帳の給付を申請した。上肢が四級、下肢が三級の重度障害者に認定された。彼には手帳と給付金が与えられることになったが、それを敏子に告げると、喜んでもらえるどころか窘《たしな》められた。

「そんなもの」と敏子がいった。

「ないものと思って生活しなけりゃならないよ、タダシは普通の子なんだよ」

いらい、彼は手帳にも給付金にも手をつけず、店を手伝いながら職業訓練校でコンピューターの知識を学ぶことに専念した。

もう一つ、職業訓練校で新たに知ったことがあった。それは、小川雅士との出会いによる。下地同様、小川も職業訓練校でコンピューターを扱う一般事務科の生徒であった。その二歳年上の先輩が口にした言葉に驚いた。

「俺、野球をやってんだ」

小川は身体障害者野球の東京ブルーサンダースというチームに入部したらしく、そこで投手を任されることになったという。下地は幼い頃に野球をして遊んだことがあったので、身体障害者があの球技をすることがどれほど困難か身をもって知っていた。

「ほんとお？」

下地は信じられないというようにかぶりを振った。

「ほんとにできるの？　障害者が野球なんて……」

「なにいってんだよ」

小川は土産物のクッキーを差しだした。

「先週、神戸へ行って全国大会に出たんだ、チームはボロ負けだったけどね」

下地は理解した。身体障害者野球といっても、きっと軽度の障害者が集まった、健常者の野球に限りなく近い水準の大会だったのだろうと。なぜなら小川は外見上どこに障害があるのかわからず、ちょっとした内臓疾患くらいにしか下地には思えなかったからである。それほどにこの先輩は元気で、悠々《ゆうゆう》と歩行していたし、下地が左手だけで苦労を強《し》いられているキーボード操作も、両手で素速くブラインドタッチをこなしていた。

「きっと小川さんなら、野球も上手にできるんでしょうね、障害、軽そうだから……」

「なにいってんだよ」

小川が、もういちどいった。

「障害、軽くなんかねえよ、俺だって、おまえと同じ障害者だよ……」

小川雅士の境遇は、どこか下地正と似たところがあった。

小川もまた、幼少期から女手一つ《おんなでひと》で育てられてきた。

四歳のとき両親が離婚し、母初江《はつえ》が大手電機メーカーの子会社に勤めて養ってくれた。母が仕事で遅くなるとき、寂しさを紛《まぎ》らわしてくれたのはプロ野球のナイター中継であった。ブラウン管に映る身体の大きな選手たちのプレーに憧れた。父が傍におらず、母は野球に疎かったために誰からも投げ方や打ち方を教えてもらえなかった。教則本を読みながら独りで学び、小学三年生から地元文京《ぶんきょう》区の少年野球チームで投手になった。目標は、甲子園のマウンドで投げること。

進学した城西《じょうさい》大学付属城西高校では、三年生の春に背番号《1》をもらってエースになった。最後の夏、東《ひがし》東京大会の準々決勝進出をかけた早稲田実業《わせだじつぎょう》高校戦で敗れ、目標を達成できなかった。試合前は、もし負けても他の球児のように泣くことはないだろうと思っていたが、試合終了の長いサイレンを聞くなり大泣きした。それは、甲子園に行けなかったことより、甲子園に行こうとすることができなくなった寂しさによる涙であった。

卒業間近に進路選択を迫られたが、プロはもちろん、実業団からも、大学からも声がかからなかった。それでも野球を諦めきれず、野球部がある企業を知人に紹介してもらって返事を待った。いまは野球部の定員がいっぱいのために入社は二年後になるといわれると、「待ちます」と即答した。果物配送業者や居酒屋でアルバイトをしながらトレーニングを怠らず、二年が過ぎるのを指折り数えた。ふたたび目標をもって野球ができるなら、二年ぐらいなんでもないと思っていた。

二年が経ち、入社が約束されたその年に、小川の身に変化が起きた。頭痛と嘔吐《おうと》が続き、吐いたものに血が混じるようになった。

水頭症《すいとうしょう》。

頭蓋内に過剰な髄液が溜まって脳室が拡大してしまう難病であった。

小川の病状は、すぐにでも頭部に管を通して髄液の流れをよくするバイパス手術をしなければ余命半年という重症であった。

病院でそれを聞いたとき、彼よりもむしろ、母初江が衝撃をうけた。彼女はその場に昏倒《こんとう》しそうになった。もし手術が成功しても重度の後遺症がのこると告げられたことも、彼女をうちのめした。離婚後、初江が一心不乱に働いてこられたのは、息子の成長をじかに見られる幸福があればこそ。私立高校へ通わせ、大好きな野球に専念させ、ときどき試合を観に行ってはマウンド上の自慢の息子に声援をおくるのが生きがいであった。ようやく企業に就職してもういちど真剣な野球ができると喜んでいる息子の笑顔を見た矢先の発病に、彼女は運命を恨んだ。まだ二十歳になったばかりだというのに、後遺症で満足に眼が見えず、口がきけず、歩けなくなるかもしれないだなんて。この子を産まなければ、自分も生まれなければ、こんなに苦しまずに済んだのにと、とり乱したように息子が横たわるベッドにしがみついて泣きくれた。

六度におよぶ大手術で、一命はとりとめた。だが後遺症は避けられなかった。視覚障害により、ものが二重に見えた。言語障害により、滑舌《かつぜつ》が悪くなった。歩行障害により、車椅子なしには移動できなくなった。

生活のすべてを母に頼らざるをえなくなった小川は、まわらぬ口で、冷静に、しかし切実に、医師に一つだけ質問した。

「また野球ができるようになりますか」

甲子園に出場したわけでもない、それを職業にしているわけでもない彼の人生において、野球がどれほどの意味をもつというのか。

「野球はできません」

医師が躊躇《ちゅうちょ》なく答えた。

半年してリハビリテーション病院へ転院後、医師の予見が真実だったことを知った。リハビリテーションでお手玉を五メートル先の的に当てるゲームをしてみて惘然《ぼうぜん》とした。いくら眼を擦《こす》ってみても、的が二重に見えた。投じたお手玉は的へ届く以前に重力に負けて床へ落ちた。

それからの日々、小川は逆上したようにリハビリに励んだ。医師に止められても、人の倍ほどもメニューをこなした。動いていなければ、虚無感や孤絶感に耐えられなかった。リハビリは単調かつ過酷で、ときには苦痛のあまり涙したことさえあった。それでも野球ができなくなってしまった現実を受容せず、一心不乱に身体を酷使した。

三カ月後、医師が驚愕《きょうがく》した。小川は車椅子から立ちあがってみせただけでなく、指導員相手にキャッチボールまで始めたのだった。だが上肢に力が入らず、下肢も蹌踉《よろ》けた。それは、甲子園を目指した選手の姿ではなく、まるで子どもが初めてボールを手渡されたときの投球にも似ていた。

しばらくして、元高校球児の驚異的な恢復を耳にした一人の男が、北区にある東京都障害者総合スポーツセンターで連日キャッチボールをしている小川を訪ねてやってきた。

「あのさ」と男はいった。

「俺が監督をやっている野球チームがあるんだけど、来てみない？」

太めの中年男は、名を矢本敏実といった。

小川は矢本に勧誘されて東京ブルーサンダースのメンバーになった。

そこには、金子栄治という投手がいた。そのエースは脳梗塞の後遺症による半身不随が治らないままで、一人で一試合を投げきることができなかった。チームには、もう一人投手が必要とされていた。小川は横手投げの変則投法で貴重がられた。高校三年生の夏以来遠ざかっていた勝利を目指す真剣な野球に、くしくも障害者になってからふたたび出会えた。もういちど、生きる喜びが心の隅々にまで充満してゆくのを感じた。

車椅子から離れてはいるものの、視覚障害や運動障害が残ったままで、生活面で苦労することが多かった。後頭部には、大手術の傷痕が生々しく残っている。それでも小川はグラウンドに復帰し、全国大会に参加した。

「苦しいこともあるけれど」

小川は母初江にいった。

「甲子園を目指していたときより、いまのほうが楽しいよ、自分の身体で野球ができることがどれだけ仕合《しあわ》せなことか、気付けたから」

小川雅士から神戸土産のクッキーを手渡されているその事実が、下地正には信じられなかった。

「下地君は、野球が好き？」

唐突に小川が訊いた。

「そりゃあ……」

どれだけ野球を好きかということを、下地は小川に吶々《とつとつ》と語って聞かせた。

居酒屋の手伝いと、職業訓練校での授業に忙しい毎日で、下地に趣味などない。学校時代の友人は、高校で新しい友だちを作ったようで疎遠になっている。経済状態が苦しい母から小遣いを貰うわけにもいかず、どこかへ行くことも、なにかを買うこともできない。感情が動く瞬間といえば、居酒屋が休みの晩だけ。七時から始まるプロ野球のナイター中継が、唯一の楽しみであった。贔屓《ひいき》は東京の下町育ちだけに読売ジャイアンツで、子どもの頃は在籍したウォーレン・クロマティのファンだった。本塁打を放ったときのガッツポーズ、勝利後のバンザイ。右腕を思いきり突きあげることも、両手を天に掲げることも、下地にはできない。ブラウン管のなかで助っ人が自分の代わりにやってくれている気がした。

「野球は大好きです、というより、野球しか、僕には楽しみがないから、でも……」

下地は自信なさげに微笑んだ。

「僕は小川さんみたいにプレーするなんて、とてもできそうにないな……」

「なにいってんだよ」

小川の眼には、似た境遇にいる弟を励ます兄のような優しさと厳しさとがにじんでいた。

「できそうか、できそうにないかなんて、そんなことで判断していたら、俺たちなんて、なにもできずに、人生終っちまうじゃん、大事なのは、できそうか、できそうにないかじゃなく、やるか、やらないか、それだけじゃん、……そんなに野球が好きならさ、こんどの日曜日、練習に来てごらんよ、野球は観るより、自分でやるほうが、何倍も面白いよ、それにブルーサンダースでは、重い障害をかかえた人たちだって頑張っているんだから、下地君にできないはずないよ」

翌週の日曜日、下地は小川に背中を押されるようにして、国立市の東京ブルーサンダースの練習場へやってきた。グラウンドへ着くなり息をのんだ。小川のいうとおり、はたしてそこには重そうな障害をかかえた選手たちがいた。交通事故で右脚を失った捕手の竹田賢仁は、義足ながら投手の暴投に飛びついて受け止めたりしていた。脳梗塞で左半身が麻痺している金子栄治は、百二十キロもの速球を投げこんでいた。小児麻痺により右脚が不自由な富沢稔は、白髪頭ながら若手より元気に球を追っていた。谷口貴之も富沢と同じく小児麻痺で左脚が不自由そうだったが、幾度もバットから快音を響かせていた。耳が聞こえない山泉邦雄は、打球を視覚だけでとらえてゴロも飛球も上手く捕らえていた。そして職業訓練校の同級生である小川雅士は、学校では見せないあざやかな笑顔でチームメートとキャッチボールしていた。

それらメンバーのなかで下地の眼を釘付《くぎづ》けにしたのは、キャプテン島田泰幸のプレーであった。就労中の事故で右腕を切断していながら、彼のグローブ捌きは芸術の域にすら達していた。グローブで球を捕り、グローブと球とを同時に宙へ放り、素手で球だけを摑みなおして遠投する。それらをすべて利き腕とは逆の左腕一本でこなしていた。捕球から遠投までの流麗な動きは、時間にして一秒とかからない。下地も、島田同様右腕が使えない。それだけにキャプテンのプレーには、ただただ感嘆するほかなかった。

「な、みんなすげえだろ」

メンバーに見惚《みと》れる下地の横に小川がやってきた。

「俺も最初は疑っていたんだよ、障害者に真剣な野球ができるはずないって、でも、そんなことなかった、このチームならやれる、いまはまだ全国大会では勝てないけど、そのうちぜったい勝てるようになる」

「全国大会だなんて、すごいね」

「俺、障害者になったけど、悪いことばかりじゃなかったと思ってる、甲子園に出られなかったのに、全国大会で投げられるなんて、得した気分だよ」

「おい小川」

監督の矢本敏実が現れた。

「おまえ、いい営業マンだな、さっそく新入部員を一人つれてきてくれるなんてありがたいよ、シモジ君っていったっけ」

細い切れ長の眼で、矢本が下地の全身を舐めるように見た。

「大丈夫だな、なんにも心配することない、足腰しっかりしてそうだし、君なら代走はいらねえぐらいだな、さあ、いつまでも見てないでさ、早くノックに加われよ」

この日は見学だけの予定だった下地だが、小川にグローブを手渡され、臀《しり》をぽんと叩かれた。

心臓が破裂してしまいそうなほど緊張しつつ、生まれて初めてのノックを受けた。

彼の守備はひどかった。バウンドにあわせられず球が頭上を越えてしまったり、股の間を抜けてしまったり、捕ったと思ってもぽろりとこぼしてしまったり。矢本に二十球余り打ってもらったが、ただの一球も捕れなかった。

エラーをかさねるにつれ、ふいに下地の脳裡《のうり》には小学生の頃の記憶が過《よぎ》った。障害者野球も体育の授業と同じで、自らの肉体に自らが侮辱されているような気がした。

これまで下地は、失敗するたびに他者から蔑《さげす》まれ、疎んじられてきた。

いま、グラウンドでも失敗しつづけている。

球を捕れずに土の上に這《は》いつくばる自分に向け、監督の矢本は一言も発さずに容赦《ようしゃ》なくノックし、さらに失敗させられている。

周囲を見回さなくとも、メンバーがどういう表情をしているのか、下地には想像できた。迷惑をかけているのが申し訳なかったし、恥ずかしかった。この場から消えてしまいたい、そう思った。

けれども、東京ブルーサンダースは違った。

「頑張れ」「怖がるな」「前へ出るんだ」「もう少し」

全員が動きを止め、下地を励ました。

傷を負った者は、他者の痛みを思いやることができる。

けっきょく、下地は一球も捕球することができなかった。

なのに、メンバーから褒められさえした。

それは、初めて握った金属バットでシートバッティングに挑んだときのことであった。矢本が投じた球を、彼はセンター方向へあざやかにはじき返した。

「やるなあ」「すげえじゃん」「ほんとに初めてかよ」「レギュラー確定だな」

練習後、憧れのワンハンドキャッチ・ワンハンドスローのキャプテン島田からも「守備だって練習すればすぐに上手になりますよ」と笑顔を向けられた。

「練習すれば」という響きが、下地には嬉しかった。これまでは、どれだけ練習してもみんなに追いつけないことばかりだった。これからは、努力が報われるという。

東京ブルーサンダースに入部した下地は、二つのものを得た。

一つは、仲間。

練習がない日曜日にも、チームメートとメールで会話したり、駅で待ちあわせて食事したり、野球用品店で道具を物色したり、障害者スポーツセンターでキャッチボールをしたりして楽しく過ごした。そしてグラウンドでは、チームメートと必死に練習した。正規部員とはいえ、臨時部員より能力が低ければ戦力と見なされず、矢本に起用してもらえない。

ある練習試合でのことであった。一番ライトで初出場したとき、下地は四球で出塁した。二番打者が打ちあげたフライは内野と外野の中間へ飛び、進塁すべきか、帰塁すべきか、判断しかねて塁間で止まった。打球は二塁手と外野手の間に落ち、テキサスヒットになった。下地は二塁へ突進した。右脚が不自由なために速く走れず、クロスプレーになった。その瞬間、彼は無我夢中で片腕だけでヘッドスライディングし、二塁ベースへ突っこんだ。先発で起用してくれた矢本の期待に応えたい、チームの勝利に貢献したい、その一心で宙に飛んだ。野手がタッチするグローブと左手とが激しく接触し、ぽきりと音がした。薬指を骨折、全治一カ月半の怪我をした。温厚で人当たりのいい下地のなかにも激しい闘志があることを知った仲間は、以来、いっそう彼との距離を縮めた。

仲間の他に、もう一つ、彼が得たもの。

それは、職業であった。

ブルーサンダースは矢本の方針で、メンバーは定職に就かねばならなかった。同じ職業訓練校で職探しをしていた先輩の小川は、先に倉庫管理会社への就職が決まった。焦った下地は懸命に就職活動をしたが、いつも面接で落とされた。

ときに、「障害」とは身体の機能不全以外に、社会での絶対的不利益をも意味することがある。下地の場合も、腕や脚が麻痺していることが就職における負の要因になっていた。以前までの下地なら、跳箱や野球を諦めてしまったように、就職も断念して母の居酒屋を手伝うことに専念していたかもしれない。だが十何社目かの面接で不採用となったとき、野球の試合中に矢本が指導してくれた一言を思いだした。

「おまえを代打におくった意味がわかってんのか！」

それは、練習試合の終盤、重要な場面に代打で起用されたときのことであった。下地は見逃し三振でチャンスをつぶし、ベンチへ戻った。そこで矢本に怒鳴られた。

「俺はおまえにチャレンジしてほしかったんだよ、なのにバットを振らずに帰ってきたんじゃあ、意味ねえだろ、同じ三振でも、見逃し三振と、空振り三振とでは、ぜんぜん違うんだよ、失敗することを怖《おそ》れるんじゃねえ、どうせ三振して帰ってくるなら、思いきり三つ振ってこい、振らなきゃ、当たるもんも当たらねえだろ」

彼を採用する企業はしばらく見つからなかった。法的に身体障害者のままでいれば、就職せずとも少なからず福祉で庇護されているために生活してゆくことはできる。将来的には障害者年金も給付される。だがそれらの恩恵を放棄してでも、彼は仕事に就きたかった。

――タダシは普通の子なんだよ。

そういってくれていた母に、いつまでも苦労させてはいられない。どうせ三振なら、思いきり空振りしようと、面接では自分の長所を訴えるようになった。そしてスポーツ用品店の事務員採用試験で、彼は大胆に語った。職業訓練校でパソコンが操れるようになったこと、スポーツが大好きなこと、そして、野球を始めたこと。

下地は、社会人になった。

生まれて初めて月給を貰ったその夕方、彼は会社から直帰せず、銀座《ぎんざ》の百貨店に寄り道した。

その晩遅く、居酒屋を店仕舞いしてから、百貨店の包装紙にくるまれた小さな平たい箱を母の敏子に手渡した。

「うわあ」と驚きながら、敏子がその箱を開けた。

シルクの紅《あか》いスカーフであった。

「たいしたもんじゃないけど、ありがとうの気持だから」

母はスカーフを握りしめたまま、言葉を詰まらせた。

やがて、やっとのように呟いた。

「タダシ、おめでとうね」

弱者なんかじゃねえ

みたび、雨季がめぐってきた。

六月第一土曜日の神戸は、前年同様厚い雲におおわれてはいたが、どうにか夜まで降らずにもちそうな気配であった。

いっぽう、その天《そら》の下にいる矢本敏実の心境はといえば、例年になく澄《す》みきっていた。

三度目の出場となる全国身体障害者野球大会の初戦。東京ブルーサンダースは、あっけなく初勝利をものにした。近畿《きんき》地区代表の新興チームを相手に、十二対〇の三回コールド勝ち。投げてはエースの金子栄治が、無四球無安打五奪三振で相手打線を完封した。打っては先頭打者の島田泰幸から九番の小川雅士までが、先発全員安打で相手のエースを降板させた。相手は選手の頭数を揃えるのがやっとで、まるでチーム結成当時のブルーサンダースのようであった。対するブルーサンダースは、この大会のために特別練習を百時間以上もこなしており、勝負にならなかった。

この試合、なにより矢本にとって嬉しかったのは、メンバーの誰もが初勝利を喜ばなかったことであった。勝利後の彼らの会話は、優勝でも狙っているかのような力強さがみなぎっていた。

「あんなチームに負けるようじゃ、高い電車賃払って神戸まで来ないよ」と山泉邦雄。

「一勝したぐらいで喜べるかよ、二回戦で勝つために頑張ってきたんだから」と竹田賢仁。

「まるでうちをつぶすために、意図的に二回戦で当たるように仕組んだのかな」と谷口貴之。

「だとしたらラッキーだよ、もしうちが勝てばいっきに日本一になれるから」と金子栄治。

二回戦の相手は、神戸コスモス。

公式戦いまだ負けなし、障害者野球百連勝を達成した王者。

一回戦を勝ちあがって初めての対戦が決まった瞬間、矢本は選手を集めて発破《はっぱ》をかけた。

「勉強になるとか、胸を借りるとか、そんな気持じゃ、あっというまにコールド負けで終っちまうぞ、王者を相手に、勝つつもりで挑もう、奇襲をかけて先取点をとって、まずは相手を動揺させるんだ」

矢本は昂奮を抑えきれなかった。もはやブルーサンダースは「参加することに意義がある」チームではなくなりつつある。結成当初は部員三名で、キャッチボールすら満足にできなかった。それがいまや臨時部員も合わせると総勢十六名。しかも重要な一戦、神戸コスモスとの対戦をまえに、金子栄治、小川雅士に継ぐ、もう一人の「元高校球児」がチームに加わったのである。

みながその選手を呼ぶとき、「新人」のまえに「期待の」とつけくわえる。なぜなら彼は、チーム内では最も若く、そして、最も障害が軽い。

障害者野球には、大きな課題がある。

全国大会の水準が向上して競技指向が進んだ結果、なにより勝利が優先されるようになってきた。問題は、勝つためにはどのチームも障害の種類や程度でレギュラーを決定せざるをえないことにある。上肢障害者より下肢障害者が多いチームは分が悪いし、当然ながら重度障害者が多ければ勝つことは困難となる。パラリンピックでは、各種目を障害の種類や程度によってクラス分けすることで、できるかぎり公平かつ対等な条件を整えてこの課題に対応しようとしている。障害者野球もこれに倣《なら》い、下肢障害者のみの大会や重度障害者のみの大会などが行えればよいのだが、競技者数が少ないため、クラス分けが不可能なのである。

たとえば、神戸コスモスは部員数四十名を超える大所帯で、選手層が厚い。ゆえに全国大会にレギュラーとして出場する選手は、「どこに障害があるのかわからない」と竹田がいったような選手も多く、健常者チームと対戦しても引けをとらないレベルにある。

いっぽう、東京ブルーサンダースはといえば、下肢が不自由な重度障害者がほとんどである。谷口は左脚が麻痺、竹田は右脚切断、金子は左半身全体が麻痺、富沢は右脚が麻痺、小川は視覚障害と右脚が麻痺、下地は右腕と右脚が麻痺。打者代走に出たり外野を守ったりできるのは、右腕切断の島田と、聴覚障害者の山泉のみ。

そこに加わった「期待の新人」が、斉藤智也《さいとうともや》であった。

高校を卒業したばかりの彼は、十八歳と若い。高校では三年間野球部に在籍し、甲子園出場経験もある古豪川越《かわごえ》商業高校（現市立川越高校）でレギュラーとして期待されていた。そして彼は、下肢障害者ではあるが、その程度はチームメートに比べれば誰より軽い。

竹田の勧誘で斉藤が初めてブルーサンダースの練習に訪れたとき、彼はまだ身体障害者手帳を申請中であった。身体障害者手帳とは、医療給付や補装具交付などの各種福祉的制度の支援をうけるときに必要な手帳で、身体障害者福祉法に基づき各区市町村から交付される。障害は種別や程度によって等級が定められているが、肢体不自由者の場合、六級までが交付対象になる。身体障害者野球には、この手帳がなければ参加が認められない。矢本は入部希望者が現れると、まず手帳の所持を確認することにしている。きけば斉藤は、六級と七級の間に相当する障害で、まだそれが判然としないのだという。

「なに暢気《のんき》なことといってんだよ」

矢本は慌てた。

「もし七級だったら、手帳はもらえないし、障害者野球はできないんだぞ、もういちど病院に行って、先生に拝み倒してでも六級と認定されてこい」

拝んだところで診断結果に差がないことは知りつつも、名門校で甲子園を目指していた選手をのがしてたまるかという気持がそういわせてしまった。

斉藤からすれば複雑であった。障害が軽くて喜ばれたかと思えば、こんどは重くなければ野球ができないともいわれる。ただ、なんとしても、もういちど野球がしたかったため、再受診すると一カ月後に手帳を交付された。

「よくやった、よくやった、ブルーサンダースへようこそ！」

矢本は拍手で斉藤を歓迎した。手帳をもらったことで法的にも障害者になってしまったのに「よくやった」もないものだが、斉藤自身もふたたびグラウンドに戻れることを素直に喜んだ。

「期待の新人」の能力は、矢本を大いに喜ばせた。《KAWASHO》と胸に高校名が入った生《き》成《なり》色のユニフォームを着た彼は、打っては柵超《さくご》えを連発し、守っては軽快なグローブ捌きと強肩とを披露した。「みんな見たか」と矢本は有頂天《うちょうてん》にはしゃいだ。そして彼を四番ショートに指名した。

「おまえのプレーが勝利の鍵だぞ」

矢本は斉藤の肩を強くたたいた。

練習試合に四番ショートで出場したとき、斉藤はどぎまぎした。打てて当然、三振などするわけがない、捕れて当然、エラーなどするわけがない。そんな周囲の視線を感じた。野球は、甘くない。六級とはいえ、右足の一部を切断している。軸足の踏んばりがきかずに空振りすることもあれば、速く走れずに凡フライを落とすこともある。また、「障害が軽くていいな」などとチームメートから露骨にいわれることにも抵抗があった。障害が軽かったからといって、心の傷が浅いわけではない。二年前の夏、その傷の痛手に、彼は圧《お》し潰されそうになったばかりであった。

野球人生という言葉があるとするなら、斉藤智也は、いちどそれを卒《お》えている。

小学一年生から野球を始め、中学の野球部では投手で四番打者に。中学三年生のときに市大会で三位になると、川越商業高校への入学が決まった。高校二年生の夏、外野手として県大会のメンバーに選ばれるかもしれなかったそのときに事故に遭った。野球部の朝練習に向かう通学路で信号待ちをしていた際、ハンドルを切り損ねた自動車に撥《は》ねられた。

救急車のなかで、夢でも見ているのではないかと彼は思ったが、それは夢ではなかった。「野球を続けたいから足を切らないでほしい」と医師に懇願《こんがん》した。だが右足の指から先だけはどうしても縫合《ほうごう》できないと告げられた。その時点で、レギュラー獲《ど》りや、甲子園や、大学野球や、目指していたもの、すべてが霧散《むさん》した。

半年後の高校三年生の春、斉藤はグラウンドへ戻った。野球部の監督がランナーコーチとして彼をベンチ入りさせてくれたのである。「止まれ」や「突っこめ」の判断がなく責任が伴わない一塁コーチではつまらないからと、彼は三塁コーチを志願した。ベンチが一塁側のときは、三塁コーチャーズボックスまでの距離は遠い。歩くのすらやっとだった彼は、観衆の前で恥じることなく、足をひきながら急いで位置についた。コーチャーズボックスから、チームメートの打撃を見つめた。事故に遭う以前、彼は内角高めの球を、腕を畳んでコンパクトに打ちかえすバッティングを得意としていた。彼にとっての絶好球である内角高めを、チームメートが簡単に見逃して三振するのを見ると悔しかった。

「俺だったら、見逃したりしないのに、俺だったら、上手く打ってみせるのに」

二度目の野球人生は、東京ブルーサンダースで始まった。

高校を卒業したばかりと若く、障害の程度が軽かったため、監督の矢本やメンバーから期待された。斉藤はしかし、まだ生きがいをなくした深い苦しみや悲しみからぬけだせたわけではなかった。自分が進むはずだった道から、突如はじきだされてからまだ二年も経っていない。右足は痛むし、松葉杖なしでは上手に歩くこともできない。

さらには、就職も決まっていない。チームでこそショートで四番という主力級の扱いをうけていたが、実社会では、足が不自由な、進路も定かでない、独りで宙をさまよう「弱者」に過ぎないと痛感させられていた。

ほんとうの喪失感とは、人ひとりの力でのりこえられるほど生易《なまやさ》しいものではない。

彼を救ったのは、野球そのものと、そこでの出会いや、つながりであった。

それまでは、思いだしたくもなかった事故のことや怪我のことを、新たにチームメートとなった仲間にならば隠さずに話せた。話してみて、辛《つら》い経験をしてきたのは自分だけではないことがわかった。

「俺たちは仕合《しあわ》せだよな」

やはり交通事故で右脚を切断している竹田賢仁がいった。

「まさか野球ができるようになるなんて、思ってもみなかったよ」

自分以上の苦痛や不自由さと闘っている仲間が、自分以上に明るく、ひたむきに生きぬこうとしている姿に、斉藤は勇気づけられた。

一つの目標――勝利――に向かう過程で、励ましあい、助けあうことで、心からの笑顔を見せられるようにもなった。

そして、もう一つ、斉藤が奮いたたされたのは、監督矢本の言葉であった。

「俺は、おまえを、障害者として見ない、俺は、おまえを、選手としてしか見ない、おまえは、弱者なんかじゃねえ、おまえだけじゃなく、野球ができるやつはみんな、弱者なんかじゃねえ」

かつて、身体障害者スポーツセンターの指導員になりたてだった矢本は、ことさらな支援や介護を施設の利用者に拒否され、その理由がわからずに戸惑った。それは、少年時代から健康な身体に恵まれ、近親知人にも身体が不自由な者がいなかった彼が、健常か、障害か、という二分思考でしか、利用者との関係を始められなかったことによる。健常者である彼が腫物《はれもの》に触るような態度で障害者に接していたことや、強者から弱者への施与《せよ》のような思いやりを示していたことで、彼は利用者から敬遠されていたのだった。だが障害者野球の監督として選手とのふれあいをかさねてゆくうちに、彼は気付いた。健常者を強者と、障害者を弱者と、そう決めつけている姿勢の、甚《はなは》だしい傲慢さに。

どれほど身体が壮健で、どれほど才能に恵まれていようとも、それだけでは強者であることを意味しない。

たとえば、名を馳《は》せたプロ野球選手でも、さまざまな苦難に克《か》てず、引退後の人生を無為《むい》に浪費してしまう例は数知れない。

はんたいに、どれほど身体が不自由で、どれほど才能に恵まれずとも、それだけでは弱者であることを意味しない。

たとえば、ブルーサンダースの選手たちは、障害にうちひしがれながらも、精いっぱい生きようとすることを諦めない。残存機能を十全に活かし、いつか勝てることを信じ、挑むことを諦めない。

斉藤のみならず選手全員に、この打球は捕れないだろう、この投球は打てないだろう、そう決めつけてノックやピッチングを手加減するようなことを矢本はしない。不必要な優しさを押しつければ、彼らの成長を妨げかねないからである。誰にでも、挑む権利はある。捕れそうにない打球、打てそうにない投球にくらいつき、昨日までは不可能だったことを、今日には可能にする権利がある。野球だけではない。生活のなかでも、選手たちに挑戦や自立を矢本は促す。

「バカヤロウ、野球ができるくせに、そんなところに停めるんじゃねえ」

駐車場で障害者用の駐車スペースに選手の誰かが車を停めようものなら、矢本は猛然と怒る。

斉藤は、そんな矢本が好きになった。障害者としてではなく、自分を一人の選手として、一人の人間として、あくまで普通にあつかってくれる矢本のあたりまえの厳しさが、遠慮のなさが、心地《ここち》よかった。

全国大会二回戦の、神戸コスモス戦。

王者の先発投手を一目見たとき、矢本は舌打ちした。

——なめられたか。

エース格を準決勝以降に温存したようで、先発投手は右半身麻痺の見慣れない左腕であった。

プレーボール直前、その投手の投球練習五球を見た矢本は、ナインを集めた。

「神戸コスモスという名前にビビるな、あの投手ならおまえたちでも打てる、先制点をうばって逆にコスモスをビビらせようじゃねえか！」

その言葉どおり、先制点はブルーサンダース。

三回表、二番打者の谷口が、初球のストレートを強引に引っぱった。打球は三塁線をやぶり、谷口の打者代走である島田が駿足をとばして二塁をおとしいれた。

三番竹田がレフトフライに倒れた直後、打席に立ったのは「期待の新人」、四番打者の斉藤であった。二球目、彼は絶好球の「内角高め」を腕を畳んでコンパクトに弾きかえした。鋭い打球はライナーで二遊間を抜け、センター前でようやくバウンドした。これで島田が生還して電光掲示板に《1》が記された。ベンチは爆発したような喜びようであった。連戦連勝、公式戦いまだ無敗の王者、神戸コスモス相手に先制したのである。

斉藤は打者代走を頼まず、足をひきずりながらも自分で一塁へ駆けたために足が痛んだ。彼はしかし、顔を歪《ゆが》めるのを我慢し、全員が拍手を贈ってくれているベンチに向かって笑顔を見せた。

けっきょく、ブルーサンダースは、コスモスに勝つことができなかった。

三回裏、監督の岩崎廣司に発破をかけられて攻撃に臨んだコスモスナインは、投手小川に六本の長短打を浴びせ、打者一巡の猛攻。なおも二死走者一、二塁という場面で規定の一時間二十分が経過、そのまま試合終了となった。

一対八の完敗で、ブルーサンダースは二回戦で敗退した。

勝ったコスモスは、準決勝、決勝でも圧勝し、連勝記録をのばして日本一の座を守りぬいた。

この大会後、斉藤智也は国家試験を受けた。

ボランティアで老人ホームに行ったとき、介護士たちの仕事ぶりに新たな目標を見出《みいだ》した。福祉の専門学校へ通い、介護士になることを目指した。老人と話をすることが好きだったし、彼らの世話をすることも苦ではなかった。

専門学校に入学後、彼は誰にも自身の障害のことをうちあけなかった。他の生徒たちと同じ、一人の人間、一人の学生として、対等につきあいたかった。介護は体力勝負で、ときには入浴介助などの際に足が不自由なことがハンディキャップにはなったものの、自分を「弱者」だとは思いたくなかった。

彼は、国家試験に合格した。

下地正がそうだったように、障害者ゆえにか、就職先はなかなか見つからなかった。

それでも、アルバイトをしながら、面接を幾度落とされても、職探しをやめなかった。

こんな声が、聞こえるような気がした。

――バカヤロウ、野球ができるやつはみんな、弱者なんかじゃねえ。

関東甲信越大会

落胆している暇《いとま》などなかった。

障害者野球には、年に二度の全国大会がある。

東京ブルーサンダースが神戸コスモスに惨敗した六月の「選抜（全国身体障害者野球大会）」。それには予選がなく、連盟推薦により出場できる。十一月の「選手権（全日本身体障害者野球選手権大会）」。それには、地区大会で優勝しなければ出場できない。したがって十一月の優勝こそが、障害者野球における真の日本一と認知されている。

梅雨が明けると、ブルーサンダースは土日のすべてを練習に充てるようになった。代表の山泉邦雄が苦心して場所を確保し、そこへ全員が早朝から集まった。ランニング、キャッチボール、シートノック、連携プレー、ベースランニング、シートバッティング。日が傾いて球が見えにくくなるまで、選手たちは汗や泥にまみれた。

やがて、夏が去り、多摩障害者スポーツセンター附近の銀杏《いちょう》並木が色づきはじめた。その頃になるとブルーサンダースの正規部員は、九名それぞれが眼を瞠《みは》るような成長を遂げた。

「みんな、顔つきが変わったな」

矢本が練習中に話したことがある。

「みんなが真剣だから、俺はもっと真剣になれる、ノックをするにしても、落球すれば点が入るんだぞ、点をやれば負けるんだぞ、負ければ悔しい思いをするんだぞ、そう心のなかでいいながら、バットを振ることができる」

「不思議ですよね」

投手の小川雅士がいった。

「最初は野球ができたこと、投げられるようになったことだけで喜んでいたのに、だんだん欲がでてくるんです、ストライクがとりたい、三振がとりたい、試合に勝ちたいと、……これが、向上心ってやつなんですかね、僕だけじゃない、野球をやっている障害者はみんな、下を向いている人なんていないんじゃないかな」

そんな選手たちの逞しい成長ぶりを、監督の矢本以外にも間近で見ていた者がいる。

コーチの森慶一《もりけいいち》と、チーフマネージャーの岡部和子《おかべかずこ》である。

多摩障害者スポーツセンターで指導員を務める森慶一は、矢本の後輩職員で十一歳年下。

ブルーサンダースの練習を初めて見たとき、森は驚きのあまり声も出なかった。障害者にまともな野球ができるはずないと高をくくっていたが、そこには自身が高校時代に甲子園を目指していた頃に匹敵する必死さがあった。

野球が盛んな愛媛県の伊予三島《いよみしま》高校で、森は硬式野球部に在籍した。レギュラーにはなれなかったが、三年間練習を休まなかった。全体練習が終ってからも一人でティーバッティングをし、球の打ちすぎで左手首を痛めて四カ月間もバットが振れない時期があった。それでも部を辞めることなく、副キャプテンとしてベンチで大声を出してチームを鼓舞《こぶ》した。

大学へ進学すると、子ども好きだったこともあって児童文化研究会に所属した。野球は断念し、児童館で子どもと遊ぶボランティア活動に四年間をついやした。体育教員になりたかったが、子どもとふれあう毎日のなかで夢が変わった。児童館には障害がある子もいた。たとえばADHD（attention deficit hyperactivity disorder＝注意欠如多動症）で著しく注意力や集中力が欠如した子が、どうしたら他の児童と遊べるようになるのか試行錯誤した。絵本を読んでいても、玩具で遊んでいても、いつのまにか輪から一人ぬけだしてあちこち動きまわってしまう。

ある日、鬼ごっこやボール蹴りなど身体を動かす遊びをすると、ADHDの子でも他の児童と関係性を保てることに気付いた。ADHDの子ばかりではない。さまざまな障害がある児童が、スポーツの根源的な力によって元気をとりもどしてゆく様をまのあたりにした。高校で三年間野球をしてきた経験を、そうした子どもたちのために活かせないものかと、森は多摩障害者スポーツセンターの指導員になった。

若く、明るく、かつスポーツ万能な森は、利用者から人気があった。朝から晩まで身体を酷使する毎日で、それでも疲労の色を見せることなく笑顔で働いた。休日は遅くまで寝ていたいときもあったが、彼は矢本に願いでてブルーサンダースのコーチになった。まるでリトルリーグの少年のように純粋で一生懸命な選手たちを見て、黙ってはいられなかった。自身の高校での経験を伝え、みんなに上達してもらえればと思った。それに、無償ながら仕事と同じように大汗かいて指導している先輩矢本の手助けをしたくもあった。

矢本が仕事で練習に参加できないとき、森が代わりにチームをみた。選手たちは、矢本の前ではいいところを見せてアピールしようとするが、森には気さくに技術的な問題点をうちあけた。森は選手一人ひとりと対話し、個別に特訓することで一緒に壁をのりこえようとした。

たとえば、キャプテンで外野手の島田泰幸は、利き腕を右肩から切断してしまったことで遠投ができずにいた。ワンハンドキャッチ・ワンハンドスローは滑《なめ》らかになったものの、外野からバックホームするときは中継の内野手にすらダイレクトに返球できないこともあった。森は島田に、投げ方ではなく捕り方を変えるようにと指導した。飛んできた球に対して待ちかまえるのではなく、後ろからまわりこんで走って捕球すれば、腕だけでなく全身を使った返球で肩の弱さを補える。また、同じように打撃でも全身を使って打つことを助言した。当てることを意識しすぎて小手先《こてさき》で球に合わせてしまうのではなく、しっかりと重心移動をして全体重を球にぶつけるようなスイングを徹底させた。いつしか島田は、中継を挟まずともキャッチャーに遠投できる外野手になったし、ライナー性の打球で内野の頭を越せる好打者になった。

自身がレギュラー選手ではなかったためか、なかなか試合に出られずにいる選手を、とりわけ熱心に森は指導した。幼少期から右腕と右脚が不自由な下地正は、見るからに野球が自在にできる身体とはいえない。右指の関節がすべて曲がったままの右手では球やバットを強く握れないし、筋肉が痩せ細った右脚では歩くことさえままならない。練習試合で臨時部員が多く集まり、メンバーが十人以上に達すると、きまって下地はベンチを温めることになる。代打で出されても少ない好機を生かそうと緊張してしまい、三振することが多かった。

そんな試合後、森は下地本人よりも悔しげであった。下地が誰よりも真剣に練習している姿を、若きコーチはしっかり見ていた。遅くまで母親の居酒屋を手伝ったその翌朝でも、下地は元気にグラウンドへ現れる。そして森の言葉を全身で聞き、どの練習もひたむきにとりくむ。徐々にではあるが、下地の身体つきは逞しくなりつつある。きけば試合に出たいという一心で、片腕片脚が不自由ながら毎晩欠かさず腕立て伏せを百回してからでなければ眠らないのだという。森は下地に対してノックするとき、激しく、そして難しいショートバウンドを執拗《しつよう》に見舞う。

「もし、俺がおまえなら——」

森は下地に叫ぶ。

「グローブに当てられそうになくても、うまく捕れそうになくても、身体のどこかに当てて前へ落とす、気持だけは誰にも負けない」

森の苛烈なノックを、下地は身体全体で受け止めるようになった。ときには球が強く当たって踞《うずくま》ることもあったが、森は手をゆるめなかったし、下地も立ちあがった。鬼気《きき》迫《せま》るそのノックを、他の選手は心配げに見つめていた。だが森と下地は、周囲のことなど忘れたかのように、休むことなく球のやりとりを続けた。

練習試合が近づくたび、森は下地の成長ぶりを監督の矢本に伝えた。「下地、いいですよ、こんどこそ、やりますよ」。それでも下地は起用されないことがあったし、出されても活躍できないことがあった。

「へこたれるんじゃねえぞ」

森は下地にいった。

「いつかおまえだって、花開くときがくるんだからな」

「へこたれませんよ」

下地が森にいった。

「もし、ずっとレギュラーになれなくても、野球をやめようなんて思いません、目標があるってことだけで楽しいいし、少しずつでも成長できていることが嬉しいから、……俺、森さんのためにも、いつかきっと、打ってみせますから」


岡部和子には、聴覚に障害のある娘がいる。

「スポーツセンターに、可笑《おか》しなことをいう、面白いおっちゃんがいる、いつもいろいろ世話してもらっている」

娘がそういうので礼でもしようと、多摩障害者スポーツセンターに顔を出した。

現れた「おっちゃん」山泉邦雄は、たしかに娘のいうとおり、「可笑しなこと」をいう男であった。彼は岡部の顔を見るなりきりだした。

「俺たち野球をしてんだけどね、マネージャーをやってもらえませんかね」

試合や練習での移動時に、下肢障害者の介添人が必要なのだという。岡部が老人介護施設で働いていることを娘から聞いていたらしく、「ぜひぜひ」と懇願してきた。

山泉の見立てどおり、練習や試合で岡部は活躍した。電車やバスでの移動時に、車椅子の臨時部員などをひょいと抱えあげては要領よく座席につかせた。また臨時部員のなかにパニック障害の選手がおり、練習中に心悸亢進《しんきこうしん》や呼吸困難で突然昏倒してしまうことがあった。岡部はその選手の挙動がおかしいことを誰より早く察知すると、ベンチから走って彼をグラウンドの外へと引っぱってゆき、木陰で休ませて介抱《かいほう》した。それ以外にも、試合中に選手が倒れたときに救急車を呼んで選手に付きそって病院へ行ったり、スパイクで怪我をした選手の応急手当をしたりもした。やがて彼女はチームに欠かせない母親のような存在になっていった。

休日のたびにブルーサンダースのボランティアで早朝から手弁当で家を出てゆく岡部は、夫から「好きだねえ」といわれ、呆《あき》れ顔をされることがある。岡部はしかし、野球など「好き」どころか、ルールさえ知らない。ただ、ブルーサンダースの選手たちが成長してゆく姿を見るのが、夫のいうとおり「好き」であった。

たとえば、島田泰幸は入団当初は誰とも口をきかなかった。その彼の父幸雄――事故後初めて島田が練習に参加したとき涙して喜んだ――が亡くなったことを、岡部は半年以上経ってから伝え聞いた。岡部は驚くと同時に、島田を叱った。

「事故で利き腕を失って、閉じこもったようになってしまっているあなたの気持もわかりますよ、でもね、ここにいるのは、あなたのチームメートでしょ、大切なチームメートでしょ、そんな人たちに、自分の父親が亡くなったことをしゃべらない人がいますか」

いらい、島田は少しずつ自ら口を開くようになった。いるかいないかわからないほど影が薄かったが、キャプテンに任命されたこともあり、ランニングでは誰から指示されなくとも先頭を走るようになった。試合でも円陣を組んだ際に中心で大声を出すようになった。そしてなにより、彼は仲間の前では、失ってしまった腕を隠そうとしなくなった。

「キャプテンなんて――」

島田が岡部にいった。

「自分は控えめな性格ですし、荷が重いなと思っていたんです、……でも、自分を奮いたたせて、俺がチームをまとめなくては駄目なんだ、俺がチームを一つにすることで勝てるようになるんだ、そういう気持でやります、みんなたいへんな思いをして野球ができるようになったのに、負けてばかりでは悔しいし、いつかは神戸コスモスに勝って、心の底から喜びたいですから」

成長したのは、下地や島田ばかりではない。

「おっちゃん」山泉邦雄は、老骨に鞭《むち》打つようにランニングを始めた。

自己顕示欲が強かった谷口貴之は、一発長打狙いの大振りを控えて打率を上げた。

野球未経験者で捕手の竹田賢仁は、投手の能力を十全に活かそうとプロから配球を学んだ。

背番号《18》の金子栄治は、勤務先の野球部で打撃投手を務めながら変化球を磨いた。

もう一人の投手小川雅士は、片脚で立つ不安定な時間を短縮するためにクイックモーション（障害者野球は盗塁禁止でクイックは不要）も試すなどして制球力をたかめた。

「ごめんなさいね」と詫びてばかりいた富沢稔は、竹田が不在のときには捕手を務められるようにと、バッティングセンターでキャッチャーミットでのキャッチングを始めた。

「期待の新人」斉藤智也は、切断した足が痛む日も多かったが、グラウンドではそれを感じさせずに柵超えを連発した。

野球を得、目標を得、仲間を得たことで、九人それぞれが再生していった。


そんなブルーサンダースのなかでも、いちばん変わったのは、選手ではなく、監督の矢本敏実かもしれない。

多摩障害者スポーツセンターの指導員に転職したばかりの頃は、日々鬱々と過ごしていた。現役を引退したことで生きがいを失い、職場では巨体をもてあました。幼い頃から野球一辺倒だったため、卓球やバドミントンの相手が務められずに利用者から疎まれた。

彼は必死に卓球やバドミントンの練習をするようになった。仕事を終えてタイムカードを押した後でも、施設に居残って利用者から手ほどきを受けた。社会人野球の選手というプライドを捨て、頭を下げたし、うちのめされたし、床に這いつくばった。いっこうに上達せずにもう駄目だとラケットを抛《ほう》り投げそうになったとき、彼はブルーサンダースの選手たちを思うことにしていた。障害がある苛酷な現実をひきうけて、グラウンドで自らになにかを証そうとしている選手たちを。監督になって二年が経ち、三年が経つと、矢本は卓球でもバドミントンでも、他の指導員に負けないほどの腕前になった。

また、生まれてこのかた健康体だった矢本は、転職当初は障害者との接し方がわからずに困惑した。球が床に転がるたびに走って取りにいったり、わざわざラケットを手渡したりして仕事をした気になっていたこともあった。そんな厚意に感謝もされず、無視されることすらあり、どうしたら障害者との壁をとりのぞくことができるのかと悩乱した。

ブルーサンダースの選手たちと接するようになり、彼は気付いた。

障害者と健常者、それを隔てる壁。

そんなもの、自分の心のなか以外には、どこにもないということに。

矢本は仕事帰りに居酒屋でコーチの森と酔いつぶれることがある。そんなとき、呂律《ろれつ》のまわらなくなった口から出るのは、いつもブルーサンダースの話ばかりである。

「哀れんだりしちゃあ、あいつらに申し訳ねえよ、かわいそうにと思う心が、差別なんだよ」

「あいつらが恵まれていないなんていえるか、不幸だなんていえるか、みんな仕合《しあわ》せ者《もん》じゃねえか、いつまでも選手でいられるんだから、仕合せ者じゃねえか」

「俺はあいつらに指導してんじゃねえ、矢本さん頑張れ、もっと頑張れ、人生まだまだ諦めちゃいけねえよって、はんたいに指導されてんだ」


身体障害者野球関東甲信越大会（兼・選手権予選）、東京ブルーサンダースは強かった。

佐久《さく》レッドスターズに、二十三対一でコールド勝ち。

静岡ドリームスに、五対一で逃げきり勝ち。

成長した東京ブルーサンダースは、関東甲信越地区代表として、選手権で日本一に挑むことになった。

全日本選手権大会

下地正は、夢を見ることがある。

相手投手の豪速球を、自身のバットで弾きかえし、天《そら》へとぐんぐんのびてゆく打球を眼で追う。右腕右脚が不自由なはずの彼は、全速力で走れており、ウォーレン・クロマティのように右腕を突きあげることもできている。

この夜、下地はしかし、夢を見なかった。

深夜の東海道を西へと走っていた。

島根県の出雲市《いずもし》駅行き寝台特急出雲号は、安倍川《あべかわ》の鉄橋を轟音《ごうおん》たてて踏み鳴らしている最中であった。東京駅を午後九時過ぎに出発して三時間、まもなく日付をまたごうとしている。

「シングルデラックス」という個室ではなく、立席特急券でも乗車できる「B寝台」の上下二人で使用する簡易ベッドに、下地は横たわっていた。夢どころか、腹を押さえて呻《うな》っていた。初めての全日本選手権大会を明朝に控え、極度の緊張により、胃がきりきりと痛みだしたのである。しかも彼は、公式戦初のスタメン出場を監督から伝えられていた。

「どうした、大丈夫か」

　下のベッドで寝ていた小川雅士が、半身を起こして灰色のカーテンから顔を出した。

「眠らないと、明日の試合に影響するよ、……といっても、俺もなかなか眠れないんだけどさ」

　小川の表情も強張《こわば》っていた。今回の選手権、東京ブルーサンダースは非常事態で迎える羽目になった。エースの金子栄治と正捕手の竹田賢仁が、そろって仕事の都合で休みがとれず、この列車に乗っていないのだった。明朝の一回戦は、小川が一人で最後まで投げぬかなければならない。捕手は、五十四歳にして野球を始めた富沢稔が務めることになった。対戦相手は、中部東海地区代表で前年度全国選手権準優勝チームの名古屋ビクトリー。

「どうしよう……」

　下地の太息が聞こえた。

「僕、こんな緊張、生まれて初めてです、会社の面接でも緊張したけれど、それよりもひどいな、だって全国大会でしょ、どうしよう、ほんとにどうしよう……」

「なあにいってんだ」

　下地の向かい側のベッドにいる山泉邦雄がカーテンを開けた。彼は補聴器のスイッチを切らずに下地と小川の会話を聞いていたのだ。

とうに眠ったと思っていた「おっちゃん」が起きていたので、下地は驚いた顔をしてカーテンの隙間から覗いてみた。山泉はカーテンを開け放ったまま、手枕《てまくら》で口髭《くちひげ》をいじっていた。

「どれだけ明日のことを考えてみたって仕方ないべさ」

山泉は気が抜けた缶ビールの残りを啜《すす》ると、枕許《まくらもと》からもう一本温《ぬる》くなった缶を出した。

「どうしよう、どうしようといったって、明日になれば、明日はやって来るんだからさ」

山泉は下地にビールを差しだしたが、下地はかぶりを振って受けとらなかった。

「なんで飲まないの、飲んで眠っちまえば、明日になってるよ」

山泉は栓を開けると、自分で飲んだ。

「あーあ、勝ちてえなあ」と山泉がいった。

「勝ちたいですね」と下地がいった。

「うん、勝ちたい」と小川がいった。

「勝ちてえよ」と他のベッドのカーテン越しに誰かがいった。

「俺も」と誰かがいった。

「俺も」と誰かが続けた。

「なあんだ」

下地がくすりと笑った。

「みんな眠れずに起きていたのか」

「もう眠れよ！」

大きな声が響いた。矢本敏実である。

「眠らないと、明日の試合中に眠くなっちまうぞ」

そういう彼も、試合前夜はいつも眠れない。

各ベッドの枕の上には、横長の窓がついている。だが外は真っ暗闇で、流れているだろう景色のすべてが見えなかった。

試合開始まで、あと九時間。

カーテンの奥、それぞれのベッドの灯《あか》りが消されたが、いつまでたっても、寝息は聞こえてこなかった。

傷まみれの稲妻たちへ

「障害者とスポーツ指導を通して」　矢本敏実

私は、社会人野球の選手として、二十九歳まで現役でがんばりましたが、若い選手の台頭もあり控えに回ることも多くなりました。私を面倒見ていただいた会社には申し訳ないけれど指導者として野球を教えたいという気持ちが強くなり、監督、野球部長に、新しい道でがんばってみたいと話しました。

指導員として東京都多摩障害者スポーツセンターの指導課に勤務することになりました。障害者の方と接するのも初めてのことで何をどうしたらいいのか試行錯誤の毎日でした。スポーツセンターの利用者の方から、障害者の野球チームの監督になってもらえないかと打診がありました。私自身の中でさまざまなことがよぎり即答することができず一週間くらい時間をもらい考えました。自分自身の中で学生時代から野球に没頭し勝つことだけを目標に練習してきたのでどういう形で指導したらよいのかあれこれ考えました。

学生時代は、雑念がなくただひたすら勝つためにはどうしたらよいかということを念頭に置き練習してきました。苦しいことや辛《つら》いことは勝つための通過点でしたので苦に思ったことはありませんでした。練習中にチームワークなどありません。お互いの傷をなめあっている暇などなく傷を突っつきあい互いを蹴落とし這い上がって来ました。ただ、一生懸命目的に沿って練習してきた成果が勝利という形で現れたときの喜びはたとえようがありませんでした。このとき初めてチームワークというものが生まれた気がしました。練習してきた仲間は今でもあの時と同じ仲間であり、一生涯の友達です。私はこの思いをみんなにも味わってもらいたいと思い、勝負にこだわる野球なら引き受けようと決意しました。

このときメンバーは三人でした。月に一回練習を始めました。監督一名、選手三名で三ヶ月練習しました。スポーツセンター内や、関連施設に選手募集のポスターを掲示しましたが集まりませんでした。そんなとき、一人の青年から電話が入りました。その青年は現在の東京ブルーサンダース（私の指揮する身体障害者野球チームの名称）の主将を務める島田泰幸でした。選手四名で練習を行い、中でも島田は利き腕の右腕を肩から切断しており、左投げの練習を繰り返しましたが、どこにボールが飛んで行くかわからず、しかも五ｍくらい投げるのがやっとでした。どうしたら投げられるようになるのか選手と私との課題でした。毎回試行錯誤の繰り返しで練習しました。練習すれば絶対に出来ると思い説得しました。島田も納得して毎日自宅で練習し、三ヵ月くらいから上手にできるようになりました。今では普通に見えますが芸術の域に達しているくらい自然にできます。何も言わなければ観戦している方も分からない位になりました。根気は要りますが選手にやる気がある以上はとことん付き合い、最善の方法でプレーできるよう指導しました。一つ言えることは決して妥協したらできないということを選手も私も学びました。

全国身体障害者野球大会はトーナメント方式なので一回負けると終わりです。最初にその大会へ出場したとき、一回戦は大阪府の代表チームでした。自信を持って送り出したピッチャーがあがってしまい、フォアボールの連発で十点差以上の大差で三回コールド負けを喫しました。私が一番残念に思ったのは負けたことではなく選手全員に悔しさがなかったことです。あまりにも屈辱的な試合であり、それなのに平然としている選手達を見て、私は試合後に悔しくて泣いてしまいました。

その後優勝候補の神戸コスモスの試合を観戦し、改めて障害者野球のレベルの高さを感じました。神戸のチームは自分自身がどうすればよいか一人一人が把握しており、一般の野球では当たり前の野球をしていました。このチームに勝つことは容易ではないことは肌で感じ取ることが出来ました。私は自分自身の理性を抑えることができず、「もうやめよう」と罵声を発しました。

練習を再開すると全員が「いつか勝ちたい」と口をそろえて答えました。このとき選手が一生懸命練習しているのに俺がやめようなどと言っては申し訳ないと思い、二度と口にしまいと誓いました。障害者は下を向いて歩く人が多いです。控えめでおとなしくて肩を落としている。だからうちの選手には、もう一度レギュラーをとれと言います。野球でも社会でも真剣にがむしゃらにやることで勝つ。勝つことで自信をつける。自信をつけることで胸をはる。下を向かずに上を向く。私もみんなを指導できたことで自信がつきました。みんなが私にひたむきさを教えてくれたのです。生きていく上で大切なことは健常者も障害者も一緒です。健常者と障害者との隔たりは何もないじゃないか？むしろ健常者の方が変な意識をしているんじゃないか？　と思うようになりました。

私自身としては、出来ないことは絶対無い、工夫や改善を繰り返すことによってカバーできると信じていますし、今までもそうして選手を育ててきました。今後も妥協せず指導していきたいと思います。チームは私にとっての宝物です。

（『リハビリテーション』　原文まま）

心で打て

長い夜が明けた。

夜行列車で、都心のビル群から、絶滅寸前のコウノトリが棲《す》む兵庫県但馬の森へ。

山並に囲まれた但馬ドーム内は十一月半ばにして吐く息が白く、ベンチにはストーブが焚かれていた。外野フェンスがアクリル板で透けており、神鍋《かんなべ》高原の雑木林が望める。そこはあと二週間もすればすべてが雪でおおわれ、白一色の冷たい世界に一変するという。だがいまは、紅《あか》く色づいた一葉一葉が朝日を浴び、鮮やかに燃えているように見えた。

全日本身体障害者野球選手権大会一回戦。

東京ブルーサンダース（関東甲信越地区代表）対名古屋ビクトリー（中部東海地区代表）。

ベンチで初回の攻撃に備える先攻のブルーサンダースナインは、マウンドで投球練習を開始した相手投手を見つめていた。

名古屋ビクトリーは万全を期して初戦からエースを投入してきた。左手を失ってはいるものの右手だけで投げることも捕ることも見事にこなす重信芳成《しげのぶよしなり》は、「和製アボット」の異名をもつ。百三十キロ近い速球と大きく曲がるカーブをコーナーに配する本格派右腕である。名古屋以東には彼ほどの投手はおらず、ブルーサンダースの金子栄治や小川雅士でもかすんで見える。もし連盟理事長の岩崎廣司が夢想する身体障害者野球の日本代表チームが結成されれば、間違いなくマウンドを任される逸材である。前年の同選手権では彼の活躍もあって、名古屋ビクトリーは決勝戦で神戸コスモスに敗れはしたものの準優勝した。

投球練習をしている重信の豪速球は、天井のテフロンテントを震わせるように捕手のミットを高らかに鳴らしていた。監督の矢本敏実自身、「百回戦っても一回勝てるかどうか」と予想する。チームを結成した当初であれば、和製アボットのストレートを一球見ただけで全員が縮みあがり、負け犬の空笑《そらわら》いをうかべていたことだろう。

しかし、この日のブルーサンダースは違った。

重信が投げる一球一球に、ベンチにいる選手全員がバットを構える仕種《しぐさ》をし、片脚上げてタイミングをはかっていた。

「いけますよ」

富沢稔が、目深《まぶか》に帽子をかぶりなおしながらいった。

「バッティングセンターの球よりも速そうだけど、みなさんが当てられないというほどではないですよ」

「そのとおりだ」

矢本敏実が続けた。

「最後まで球から眼を離すんじゃねえぞ、そうすれば打てる、かならず打てる」

ブルーサンダースは大会前の一カ月間、打撃練習に多くの時間を割いてきた。監督の矢本敏実は現役を退いてからしばらく本格的な投球をしたことがなかったが、自らマウンドに上がって選手たちの練習台になった。

「俺の球にバットを当てられなけりゃ、おまえらの一回戦負けは確定だぞ」

矢本が投じる速球に、選手たちはたじろいだ。瞠目《どうもく》したまま打席で動けなくなる者や、ストライクをおもわず避けてしまって尻餅《しりもち》をつく者もいた。

「バカヤロウ、怖がってどうする、これを打てなきゃ名古屋に勝てねえんだぞ、神戸コスモスと戦えねえんだぞ、日本一になれねえんだぞ」

矢本の活きた球に手が出なかった選手たちも、一カ月も経つと眼が慣れてきた。全員がバットに当てられるようになったし、なかには安打性の当たりを連発するようになった選手もいた。


球審が右手を挙げて「プレーボール」と叫んだ。

先頭打者は、「期待の新人」斉藤智也。

初球の豪速球を見送ってストライクワン。

二球目にも手を出さずストライクツー。

たちまち追いこまれた。

だが斉藤に竦然《しょうぜん》の色はない。一球高めに外されたあとの四球目、彼は待ってましたとばかりに絶好球の内角高めにバットを合わせた。観客のいないがらんとした球場に鋭い金属音がこだました。痛烈な打球は三遊間を抜けてレフト前へ。

さらに、二死からフィルダースチョイスでランナー一、二塁となると、五番の臨時部員がレフト前ヒットを放ち、二塁走者の斉藤が生還した。先制点に、全員が跳びあがって驚喜した。

喜びも束《つか》の間、和製アボットはその一点で眼を覚ました。六番の下地正を速球勝負で三球三振。二者残塁でブルーサンダースベンチを黙らせた。

一点リードでブルーサンダースは最初の守備についた。

マウンドに上がるのは、小川雅士。

マスクをかぶるのは、富沢稔。

エースの金子栄治と正捕手の竹田賢仁が仕事の都合で不参加のため、新バッテリーにすべてが託された。

「あちゃあ……」

小川の投球練習をベンチから見つめていた矢本が顔をしかめた。小川のフォームに悪い癖が出ていた。緊張すると投げ急ぐあまり、早めに胸を打者方向に見せてしまう。球の出所が丸見えになってしまううえに、腕も思いきり振れなくなって球威も失《う》せる。

はたして、小川は打ちこまれた。一番から四番まで、ずらり上肢障害者を揃えた相手打線に、二塁打、死球、センターフライ、内野安打でたちまち同点に。さらに五番打者のレフト前ヒットでいっきに逆転された。

「もうやんなっちゃう！」

スタンドでは小川の母初江が、わざわざ東京からかけつけて見守ってくれていた。彼女は息子が大病する以前、高校野球で甲子園を目指していた頃から重要な試合にはかならずかけつけた。いきなりの連打に、はめていた手袋をぱんぱん鳴らした。

「どうしたのよ！　しっかりしなさい！」

その後、一、二回は無失点に抑えて小川はたちなおったように見えた。だが三回裏には完全にビクトリー打線につかまった。三番打者にライトオーバーのホームラン。四、五、六番打者にも連続出塁を許し、計四失点。

いっぽう、ブルーサンダースは先制時の大騒ぎが嘘のようにひっそりとしていた。あの適時打以後いい当たりがなく、重信の速球に手が出なかった。選手全員が自信をなくしてしょんぼりした。

一対四で、時計は規定の一時間二十分を経過しそうになっていた。

つぎの四回表が、ブルーサンダース最後の攻撃となる。

長かった三回裏のビクトリーの攻撃をようやく終え、ナインがベンチへとひきあげてきた。彼らはまるでこの短時間に、数年前の連戦連敗を続けていた頃へと逆戻りしてしまったかのようであった。

背を丸め、肩を落とし、声を出す者はなく、互いの眼を見ることもなく、みなが悄然《しょうぜん》と項垂《うなだ》れていた。

「おまえら！」

ベンチから矢本が怒鳴った。

「下を向くな、黙るな、元気出せ、……まだ終っちまったわけじゃねえんだから」

――バカヤロウ……。

選手たちを見つめる矢本は、泣きそうな顔になっていた。

——事故や病気で人の何倍も辛《つら》い目に遭ってきたんじゃねえか、野球によってたちなおりかけてきたんじゃねえか、がむしゃらに練習して、少しずつ自信をとりもどして、やっと笑えるようになったんじゃねえか、……バカヤロウ、神さまのバカヤロウ、負けっぱなしのこいつらを、なんでまた逆戻りさせちまうんだよ、負けっぱなしのこいつらから、なんでまた自信を奪っちまうんだよ、負けっぱなしのこいつらに、なんでアウトばかりを宣告して痛めつけるんだよ……。

「バカヤロウ！」

矢本は声に出して叫んだ。

「おまえら、悔しくねえのかよ、またこのまま負けちまって、悔しくねえのかよ、あの豪速球が打てないからって、それがどうした、何回アウトをくらったって、やるしかねえじゃねえか、まだ試合は続いてるんだからよ」

選手たちをベンチ前へと手招きをして集めた。われしらず、二人の選手の手をとって矢本は握りしめた。

「みんな、……手をつなごうじゃねえか」

選手たちは突然の出来事に驚いたような顔をして互いを見つめた。

構わずに一人ひとりの眼を見つめ、矢本はもういちどくりかえした。

「みんな、手をつなごう」

そうせずにはいられないといったような切迫した表情で、矢本は横に立つ下地と小川の手をきつく握りしめた。

選手たちも、手をつなぎはじめた。

それぞれ横にいる者の手をとり、徐々につながっていった。

片腕しかない島田は手をつなげなかったが、隣にいた谷口が肩をぎゅっと抱きしめてくれたことで、輪ができた。

「さあ行こう！」

キャプテンの島田が叫んだ。

「諦めずに逆転しよう！　いち……に……さん……」

ナインが同時に叫んだ。

「ブルーサンダース！」

このときのことを、ずっと後になってから、ふと思いだすことが矢本にはあった。

なぜ、そんな行動に出たのか、時間が経っても理解できないでいた。試合中にチームメートと手をつないだことなど、現役中にさえいちどもなかった。そんなことをしたからといって、ヒットが生まれるはずなどないし、逆転できるはずもない。

「きっと──」

矢本がふり返る。

「あいつらのことが大好きだからですかね、大好きなやつらと最後になるかもしれない最後の攻撃をまえに、なにかせずにはいられなかったのかもしれません、おまえたち凄《すご》いよ、おまえたち偉いよ、誰も見てくれていなくたって、この俺が見ているぞ、俺はおまえたちを心から尊敬しているぞ、ここまでやるなんてたいしたもんじゃねえか、そうやって、俺だけでも褒めてやりたかったのかもしれません、……俺はあいつらから教わりました、どれだけアウトをくらっても、諦めずに最後まで信念もってやりとおせば、人生なんとかなるものなんだと、たとえ3アウトをくらっても、4アウトに向かって、またやりなおせるものなんだと。だから、あの場面では、しょんぼりしているあいつら自身に、気付いてほしかった、自信を失うんじゃねえぞ、最後まで頑張ろうぜ、ゲームセットになるまで、一生懸命やろうぜと」

ひっそりとした森のなかの、がらんとした観客席に囲まれた、誰も見向きもしないグラウンドで、ドラマでも起こりえないような、派手な奇蹟が起きた。

最終回、ブルーサンダースは逆転した。

しかも、九点もとって。

富沢が打ち、斉藤が打ち、谷口が打った。

連打連打で重信を降板させ、さらに代わった投手からも打ちまくった。

その裏の守備では、小川が最後の力をふりしぼって無失点に抑えた。

十対四。

ブルーサンダースは、準決勝へ進出した。

奇蹟は、それだけでは終らなかった。

一回戦の逆転勝利直後に行われた準決勝、北海道東北地区代表の北上《きたかみ》リリーズ戦。小川に代わって投手を務めた斉藤がなんとか踏んばり、四対四で迎えた最終回。富沢がセンターオーバーの自身初となる三塁打を放ち、サヨナラのチャンスを迎えた。

打席には、小川が立った。彼は打撃が苦手であった。生死の境をさまよった六度におよぶ大手術の後遺症で、眼の焦点があわず、すべてが二重に見える視覚障害を負っていた。投げるときもマウンドから捕手のサインが見えず、まして打つときに動くボールなど捉えられるはずがなかった。ここまでノーヒット。今大会でもファウルすら打てずにいた。

自信なさげに打席へ向かう小川を、背後から矢本が呼びもどした。

「球が見えなくてもしょうがねえ」

矢本は小川の両肩をぎゅっと摑んだ。

「眼じゃなく、心で打て、心のなかに軌道を描いて、おもいっきりバットを振ってこい」

初球、小川はバットを強振した。

球をとらえた重い感触を両手に染みこませたまま、彼は一塁へ全力疾走した。半身麻痺のために足がもつれてうまく走れない。打球を眼で追ったが彼の視力では追いきれず、途中で見えなくなってしまった。

走っている途中で塁審に止められた。

「終り！　終りだよ！」

小川が見失ったボールは、右中間を転々とし、フェンスまで達していた。

勝ったこと、もう走らなくてもいいことに小川が気付くまで、たっぷり一秒かかった。

サヨナラヒットに、ブルーサンダースベンチから選手全員が飛びだした。

小川は、恥ずかしげに、みんなに向かって小さく右手を挙げた。

駆けよってきたメンバーが、抱きついて折りかさなった。

小川は揉みくちゃにされ、かぶっていたブルーのヘルメットを、幾度も、幾度も、たたかれた。

誰もいなくなったベンチに、矢本がいた。

彼は放心したように、ダイヤモンド上で輝く自分の選手たちを見つめていた。

「あいつら――」

矢本はいう。

「なんて凄いやつらなんだって、もう声も出なくて、どう喜んだらいいのかもわからなくて、ただベンチで立っていることしかできなくて、そのうち涙がこみあげてきて……」

ゲームセット後の充足

彼らが現実を超えたのは、ほんのひとときのことであった。

準決勝の翌日に行われた全日本選手権決勝、神戸コスモス対東京ブルーサンダース戦。

前日の試合を投げぬいた小川雅士の球には力感がなく、初回からコスモス打線につかまった。七個の四死球もあり、三回までに四失点。小川に代わって斉藤智也が三回途中からマウンドに上がったものの、八番打者に本塁打されるなどしてさらに三失点。斉藤は口にこそださなかったが、ときおりつらそうに片眼をぎゅっと閉じ、足の痛みに耐えていた。投手ばかりではない。交代要員のいない彼らはそれぞれ疲弊《ひへい》しており、初めて三試合続けてマスクをかぶった富沢稔は、曲げられない脚が浮腫《むく》んでしまい、感覚がなくなっていた。

試合中盤にして敗色濃厚となったブルーサンダースは、しかし昔みたいに悄然《しょうぜん》としてはいなかった。彼らは試合をなげてしまうことなく、一点を争う接戦中のチームのように精いっぱい戦った。七点差で迎えた三回裏の攻撃時に、見せ場はやってきた。その回先頭打者の小川がフルカウントからファウルで粘って四球を選ぶと、つぎの打者島田泰幸が投手前に転がる内野安打でチャンスを広げた。その二人の走者を斉藤がレフトオーバーの三塁打を放って生還させ、さらに相手のエラーもあってその回四得点。一瞬とはいえ、連戦連勝の王者を慌てさせた。

試合後、ブルーサンダースの選手たちは、ベンチ前に立ちつくしていた。

彼らが見つめるのは、土埃《つちぼこり》をあげながら監督岩崎廣司を胴上げしているコスモスの歓喜であった。一方の監督矢本敏実は、無言でヘルメットやバットなどの後片付けを始めていた。グラウンドの中央で両手を広げて宙を舞う岩崎と、ベンチ内で背を丸めて用具を撤収している矢本。

その姿を交互に見ているキャプテンの島田は、いつか自分たちもあの巨体を全員で持ちあげて喜ばせたいと思った。だがいまは彼我の差を痛感した直後で、はたしてそれがどれほど先のことになるのやら、まるで実感がわかなかった。

「みんな集まろう」

矢本が選手を手招きした。

「みんなでそいつを胸にぶらさげたまま、記念写真を撮ろう」

ベンチ前にブルーサンダースの全員が整列した。

彼らの胸には、白いリボンが通された、重たそうな銀メダルが鈍く輝いていた。

カメラを見る彼らは無言ではあったが、堂々たる微笑みをうかべていた。金メダルには手が届かなかったものの、なにかをやりとげた者の充足すらのぞかせていた。もはや証明しなければならないことなどなにもなく、ここまで野球をしてきたことの価値や意味は、自分自身が知っていれば、それで十分といったような。

ネクストイニング

あの選手権から、いくつかの季節が過ぎ去った。

東京ブルーサンダースは、敗れつづけている。

春の選抜では六勝八敗と負け越しており、いまだ優勝できていない。

秋の選手権では関東甲信越大会で敗退することすらあり、日本一は遥か彼方《かなた》にかすんでいる。

けれども、敗者たちは、野球を通じ、それぞれが、勝者になったともいえる。

山泉邦雄は、還暦を過ぎた。頭髪のみならずちょび髭も胡麻塩になり、ブルーサンダースでは試合に出場する機会がめっきり減った。それでも彼は、国立フレンズという六十歳以上の選手が集ったチームでクリーンナップを打っている。生涯現役で、人生を彩る日曜日が来るのをいつも心待ちにしている。

谷口貴之は、金メダルを獲得した。幼少期から続いているスポーツに対する熱情と極度の負けず嫌いで、とうとう彼は世界の頂点に立った。野球ではなく二十四歳で始めたバドミントンで障害者チームの日本代表に選出され、世界選手権に三大会連続で出場。シングルで二位になり、ダブルスで優勝している。

竹田賢仁は、パラリンピックに出場した。野球より先に始めていたシッティングバレーボールでアテネへ行き、七位決定戦でドイツに競り勝った。そのとき使用した真紅の義足を、彼はいまでも大切に使用している。そして選手としてだけでなく、日本シッティングバレーボール協会の副会長として、競技の振興に貢献している。

金子栄治は、「松下通信工業社長賞」を受賞した。社の野球部で打撃投手を務めながら、仕事でも内部監査員に合格するなどし、約一万人の社員のなかから同賞に選出された。そのとき貰った記念の盾には、創設者故松下幸之助《まつしたこうのすけ》の『素直』という題の句が刻まれていた。《とらわれることなく、甘えることなく、素直にその境涯《きょうがい》に生きていきたいものである》。野球部でも、職場でも、いまや彼は欠かせない存在になっている。

富沢稔は、ブルーサンダースでレギュラーの座を獲得した。高価にもかかわらず珍しい左利き用のキャッチャーミットを購入し、バットではなくそれを持参してのバッティングセンター通いを続けている。練習のしすぎで脚を骨折し、二カ月間入院したりもした。だが退院するとすぐにグラウンドへ復帰し、若手を驚かせている。

下地正は、免許を取得した。自分の仕事を終えたあとで母の居酒屋を手伝いながらも、時間をつくって自動車運転の教習所へ通いとおした。免許取得後、母敏子が中古車をプレゼントしてくれた。ぶつけてもいいからといわれたが、バンパーさえ擦らずに大切に乗っている。

小川雅士は、力仕事ができるようになった。倉庫で商品管理の仕事をする際、以前までは「障害者だからできない」と他者に手助けを求めていたが、いまは「障害者だけどできる」と率先して段ボール箱を担ぎあげている。医師から独り暮らしを禁止されているために母初江と生活しているが、いつか独立することを望んでいる。

斉藤智也は、就職した。介護福祉士の資格取得後、彼自身が障害者であるためか、なかなか勤務先が見つからなかった。だが自宅の近所にできた老人介護施設の面接試験に合格した。毎日多くの老人のために、食事を拵えたり、風呂に入れたり、散歩したり、歌をうたったりしている。

そして、監督の矢本敏実は、相変わらずである。多摩障害者スポーツセンターで指導員を続けながら、休日はボランティアで東京ブルーサンダースの監督を務めている。

矢本は結婚式に出席した。

その案内状をもらったとき、驚きのあまり声を出した。

ブルーサンダースのキャプテン、島田泰幸からだった。

島田泰幸は、結婚した。年上の妻和美《かずみ》とは、野球が縁で出逢《であ》った。彼女はドリームリーグの女性選手で、ブルーサンダースのライバルチーム栃木エンジェルスに所属している。関東大会の懇親会で初めて知りあい、デートをかさねて島田がプロポーズした。

その結婚式、矢本は祝辞を頼まれた。

いろいろなことを話そうと思っていた。利き腕を切断した手術から退院した直後、初めて電話をくれたときのこと。両親や弟が初めての練習を見守りながら、涙して喜んでくれていたこと。片腕で捕って片腕で投げられるようになるまで、人知れず努力をつみかさねたこと。キャプテンに任命すると、失った腕を隠していたジャンパーを脱ぎ去り、自ら輪の中心に入ってチームをまとめてくれたこと。そして、全日本選手権での奇蹟の逆転勝利や、銀メダル獲得のこと……。

出席者の拍手に送られて矢本は壇上へ上がった。

マイクを向けられ、ふと壇上から島田を見た。

タキシードを着た新郎が、矢本にぺこりと一揖《いちゆう》し、新婦と顔を見合《みあわ》せて仕合《しあわ》せそうに笑っていた。

突然、矢本は黙ってしまった。

出席者は何事かと矢本に注目した。

彼は俯いて動かなくなった。

矢本は泣いていた。「すみません、すみません」といいながら、瞼を手の甲で拭ったが、とめどなく溢れでる涙はどうしようもなかった。

そして、やっとのように、「おめでとう」とだけいうと、逃げだすように壇から駆けおりた。


アスファルトに雨粒が落ちて焼けるような匂いがした。

夏のような陽に照らされていた公園内のグラウンドでは、フリスビーを飛ばしたり、犬を放ったりして遊んでいた。人々が、たちまちどこか雨を避けられる場所へと駆けだしていなくなった。

弱まったり、強まったりする雨は、地表のすべてをたたいた。

グラウンドから逃げださずにいる、青いユニフォームを着ている一群は、すっかり濡れていた。

「どうした！　落とすんじゃねえ！」

多摩障害者スポーツセンター近くのそこでは、いつもの日曜日と同じように、中年男の怒声と金属音が響いていた。

「落とせば点を入れられるんだぞ！　点をやれば負けるんだぞ！　負けたくなかったら落と

すんじゃねえ！」

片手に球を、片手にバットを握って仁王立ちしている矢本敏実は、ゴロを取りそこねて泥の上に這いつくばっている選手が一人で立ちあがるのを待っていた。時間をかけ、しかし必死の形相で不自由な脚をどうにか駆使し、選手がふたたび守備の姿勢をとった。矢本はすかさずバットを振りきってきついゴロを見舞った。球に追いついた選手は、こんどはグローブにそれを収めると、大事なものをこぼさぬようにぎゅっと摑んだ。矢本が微笑み、選手も微笑んだ。

矢本がノックする球は、でこぼこしてところどころ水溜まりができている土の上を転がった。泥をまとって黒くなった球は、選手たちによってグローブへと収められ、矢本の手へ戻り、バットで弾かれては、また土の上へ。そして、また選手のグローブへ。

一瞬、雨雲が途切れて強い光が射しこんだ。

球の動きが止まった。

矢本が、眼を細めて天《そら》を見上げた。

選手たちも、天を見上げた。

陽はしかし、流れてきた新たな雲に遮られ、すぐに見えなくなってしまった。

雨は、降りつづいている。

「やみそうもねえな」

　矢本は視線を地上へ戻し、雨と汗を吸って青から紺へと変色したアンダーシャツの袖で頬を拭うと、また一つ、汚れた球を宙へ放った。

二十二年後の4アウトたち

夜半過ぎまで豪雨にたたきつけられていたグラウンドは、春にしては眩しすぎる日に照らされ、外野の芝生が洗われたように輝いていた。

眼に映るものは、なにひとつとして、変わらないものはない。

たとえば、国立障害者リハビリテーションセンターの、このグラウンドも。

二十二年前と同じような景色が、たしかに広がってはいる。

同じよう、ではあっても、しかし、同じではない。

外野の芝生の、一葉一葉も、枯れたり、芽吹いたりを、季節ごとに幾度もくりかえし、もはやすべてが、生まれ変わっているはずである。

そのグラウンドでは、青いユニフォームを着た選手たちがノックを受けていた。

片足をひきながら球を追い、転んでしまう一塁手がいる。

片腕で捕球し、同じ腕で送球する遊撃手がいる。

外野からの逸れた返球を、立ちあがって追えない捕手がいる。

二十二年前と同じような選手たちが、たしかにそこにはいる。

同じよう、ではあっても、しかし、同じではない。

その一塁手は、義足を恥ずかしがらない竹田賢仁ではない。

その遊撃手は、寡黙なキャプテンの島田泰幸ではない。

その捕手は、バッティングセンターにミットを持参して球を受けていた富沢稔ではない。

そして、打席でノックをしているのも、中年肥りで、オールバックの黒髪で、眼光鋭く檄《げき》を飛ばす、監督の矢本敏実ではない。

新たな監督は、ノックはせずにダッグアウトで立ったまま、ノックを見つめていた。年の頃は、二十二年前に矢本がこのチームを率いていたときと、ちょうど同じくらいに見える。だが細身で筋肉質の体つきや、ウェーブがかかった茶髪《ちゃぱつ》や、なにより眼尻の下がった穏和そうな双眸《そうぼう》が、元監督とは、似ても似つかない。

その新監督がダッグアウトを離れ、自らもグローブを持ってダイヤモンドのなかへと走っていった。

一緒にノックを受けながら、選手たちを指導するらしい。

監督ながら、彼はノックを打たない。

いや、打てないのである。

ユニフォームの左袖から先、左腕がなかった。

選手たちのもとへと走ってゆく彼の、青い左袖がひらひらと揺れていた。


二十二年という歳月は、驚くほどに人を成長させる。

東京ブルーサンダースが全日本選手権大会で準優勝した二十二年前、財原悟史《さいはらさとし》は高校一年生だった。地元埼玉県さいたま市の進学校へ入学し、甲子園に出場するような強豪ではなかったが、硬式野球部で本格的に野球を始めていた。

彼は左腕が肩から下がまったく動かない。小学一年生の秋、ある朝目覚めたときにその異変に気付いた。三カ月間入院して様々な検査を受けたが、症例がほとんどない原因不明の機能障害と診断された。運動好きな活発な子で、三歳年上の兄が野球を始めるとキャッチボールをせがんだ。右手にはめる左投げ用のグローブを父に買ってもらい、兄の球を右手で受けて右手で投げかえした。いちいちグローブを外さなければならないことが煩《わずら》わしかったが、そうしなければキャッチボールができないのだからそうするほかなかった。

中学校では軟式野球部に入って一塁手として、右腕で守り、右腕で打った。高校で野球を全《まっと》うしたかったが、両腕が使える選手のなかでの活躍は困難で、理由は障害があることばかりではなかったが高校二年生の途中で退部してしまった。

大学に進学してからも野球サークルに入ろうとしたり、川口市役所に就職してからもプロ野球を観戦したりした。スノーボードやスキューバダイビングをやったこともあったが、チームスポーツの歓《よろこ》びは格別であった。中学生のとき片腕でのプレーに行きづまっていると、捕球後のグローブの外し方やバットの振り方をチームメートが一緒になって考えてくれた。それは勝利のための戦力であると彼を信じてくれていた証《あかし》であり、チームメートに報いようと彼も懸命に努力した。そんな交流が忘れられず、野球への思いを抱きつづけていた。

二十三歳のとき、障害者野球と東京ブルーサンダースの存在を知った。

監督だった矢本敏実はある事情で不在とのことだったが、チームカラーはそのままらしかった。「仕事をしないやつは野球をやらせない」「野球ができるくせに障害者スペースに車を停めるな」「野球でも社会でもレギュラーを目指せ」。そんなチームには右腕を事故で欠損した島田泰幸という野手がいて、片腕でのプレーで障害者野球日本代表に選出されたと聞いた。自分のように、体のどこかが不自由でも、目標を持って真剣な野球ができそうなことに胸が高鳴った。それまでは両親の意向で身体障害者手帳を持ったことがなかった。障害者野球をするにはそれが必要とのことで、初めて自ら申請した。

東京ブルーサンダースには野球経験者が多くはなく、高校までプレーしていた彼は様々な場面で選手たちに野球の基本を教える立場になった。カバーリングの入り方、中継プレーの動き方、走塁の打球判断。やがて彼は選手兼監督を務めるようになった。

二十二年前もそうだったように、全国大会での優勝がこのチームの目標ではある。だが障害者野球そのもののレベルが向上し、いまや関東大会を勝ちあがることさえ簡単ではない。東京ではグラウンドがなかなか確保できず、練習は月に二回がやっと。そこに新型コロナウイルスの蔓延《まんえん》による緊急事態宣言もあり、選手が減っただけでなく新たな選手も容易に集まらなくなった。インターネットのホームページで練習模様を発信したり、チラシを作って障害者スポーツセンターの掲示板に貼ったりしている選手集めの苦労は、前監督の矢本の頃とあまり変わりがなかった。

なかなか勝てず、目標が遠退《とおの》きつつあり、選手も集まらない、二十二年後の、東京ブルーサンダース。

けれども、財原は、もう野球を諦めない。

それは、監督としてチームを預かっている責任感ばかりが理由ではない。

市役所で新型コロナウイルス感染患者の電話応対をする職務に就いていた。朝に出勤して夕に退所するまで、患者からの電話が鳴りやまない日もあった。保健師を補助して幾人もの患者を病院へ搬送した日もあった。いつまでつづくのかわからない大混乱したコロナ禍で、彼は心身ともに疲弊した。

緊急事態宣言が解除されると、待ちかねたようにグラウンドへ行った。選手たちと再会してその顔を見ると、ほっとするようなところがあった。そして野球に夢中になれるグラウンドでだけ、日常の様々なことを忘れ、身や心にまた力が湧《わ》いてくるような気もした。いろいろな障害がありながら、球を投げたり打ったり捕ったりすることを、少しでも上手になろうとしている選手たち。彼らを励ましながら、そのひたむきさに、自分自身のほうが、彼らから励まされているように思えた。

二十二年という歳月は、野球を諦めかけた一人の高校生を成長させただけではない。

身体障害者野球そのものも、大きく飛躍させた。

野球規則をいくつか変更し、障害があってもプレーできるようにと、昭和五十六年に障害者野球は誕生した。日本身体障害者野球連盟の創設者で、「伝道師」と自らを称して普及と振興に尽力したのは、自身も左足が不自由だった岩崎廣司であった。

東京ブルーサンダースの創設をも後押しした岩崎は、四年前に膵臓癌《すいぞうがん》により、六十九歳でこの世を去った。

生前、「伝道師」が語っていた夢があった。

それは、日本国内のみならず、世界じゅうに障害者野球を普及させ、野球の世界大会であるWBC（World Baseball Classic）の翌年に、「もう一つのWBC」を開催したい、というものであった。

その夢は、まだ岩崎が生きていたときに叶った。

国内二十九都道府県三十八チームが連盟に加盟し、競技人口は九百九十一名にまで増えた。さらに「障害があっても野球がしたい」という思いは海をも越え、アメリカ、韓国、台湾、プエルトリコといった野球が盛んな国と地域にチームができた。

そして、初の国際大会となる世界身体障害者野球大会が、障害者野球発祥の地である兵庫県神戸市で平成十八年に開催された。第一回のＷＢＣ優勝は王貞治監督率いる日本だったが、第一回の「もう一つのＷＢＣ」も、初代王座に輝いたのは日本だった。東京ブルーサンダースからも矢本がコーチとして参加し、岩崎を補佐して金メダル獲得に貢献した。そして四年後の第二回大会では東京ブルーサンダースから主将の島田泰幸が日本代表に選出されて二連覇を果たした。

世界大会は四年ごとに開催され、本来であれば令和四年に第五回大会が開催されるはずであった。だがコロナ禍の影響で一年延期され、令和五年に愛知県名古屋市で開催されることになった。

たった一人の日本人の、左足が不自由でも野球がしたいという、その意志が世界に伝わった。世界大会が開催されるまでになり、それは選手たちにとっての夢になった。野球がやりかった障害者に、どれだけの希望を与えたことであろう。たとえば、いまも、東京ブルーサンダースの新しい選手たちが、雨が乾いたばかりのグラウンドで、一心不乱に白球を追いかけている。選手兼監督の財原悟史もまた、希望を得た一人であった。

シートノックが終ったばかりのグラウンドの、フェアグラウンドではない、白線の外側、ライトファウルゾーンの芝生の上を、大股ながら、そっと歩いてくる者がいた。新緑を靴底で踏んで潰してしまうのが申し訳ない、とでもいうように。

「あっ、矢本さんだ！」

ノックを受けていた選手の一人が気付き、指差しながら大声を出した。ダッグアウトに座って水を飲んだり談笑したりして休んでいた他の選手たちも、監督の財原も、いっせいにファウルゾーンを歩いてくる者に眼を向けた。

遠くから選手たちに右手を挙げているのは、たしかに、矢本敏実であった。ユニフォームを着てはいない。白いポロシャツの上から青いジャンパーを羽織《はお》り、灰色のスラックスに革靴という、ここには似つかわしくはない格好だった。

彼を見つけた選手が走りだすと、ダッグアウトで休んでいた選手たちもみなが立ちあがって小走りに矢本のもとへと向かった。

「整列！」

誰かがそういうと、矢本のまえで足を止めた選手たちが一列に並んで全員脱帽した。

「いいよいいよ、構わないでよ」

選手たちが挨拶をするよりもさきに、かぶりを振って矢本はそれを拒んだ。

「挨拶なんていいよ、ただ、久しぶりに、練習を見せてもらいに、来ただけなんだからさ」

細い眼を、さらに細めた笑顔も、がっしりとした太めの体格も、以前と変わりがなかった。ただ短めのオールバックには白いものが交じり、額や眼尻には深い皺が刻まれていた。

「ノックをお願いしますよ」と新監督の財原から金属バットを差しだされた。だが先程よりも大きくかぶりも振り、「いやいや」と矢本はそれを受けとろうとはしなかった。

「もう、無理だよ。ノックなんて、全然やってないから。俺に構わずに、練習、つづけてよ」

選手たちがダイヤモンドへと散らばり、シートバッティングが始まった。

誰かが雑巾《ぞうきん》で拭いてくれ、そこだけ泥がついていないダッグアウトのベンチに矢本は腰掛けた。

「いやあ、まいったなあ」

練習を見つめながら、矢本は呟いた。

「このグラウンドへ来ちゃうとさ、やっぱり、胸が熱くなっちゃうよ。ＷＢＣでの侍ジャパンの優勝もテレビで観てよかったけどさ、ここで、青いユニフォームを着ているみんなを、久しぶりに眼にしてみると、それ以上に、感動しちゃうよ」

　そういう彼の眼は、言葉どおりに潤《うる》んでいた。

　そんな矢本の傍で、新監督の財原は「はじめまして」と脱帽して頭を下げた。

「いま、監督をやらせていただいている財原悟史です。もっと早くにおめにかかって、ご挨拶したかったんですけど」

　矢本も立ちあがって名告《なの》った。二人はこの日が初対面であった。

「いやあ、若いね。若くて、いいね。監督って、若い人がやったほうが、いいんだよ。もう、俺なんて、出る幕じゃや、ないよ」

　それだけいうと、彼はまたベンチに腰掛け、それから一時間ほど、選手たちの動きを黙って見守った。

　練習後、グラウンド近くのファミリーレストランで、矢本と財原は夕食をともにした。矢本はビールを、財原はコーラを飲みながら、食後も二人は話しこんだ。

　むろん、話題は東京ブルーサンダースのことばかりであった。だが途中で、「申し訳なかったんだけどさ」と謝りながら、なぜチームを離れたのか、矢本は自身の二十二年間を、静かに語りはじめた。

東京都多摩障害者スポーツセンターに勤務する矢本は、四十歳のときにスポーツ指導員の責任者となった。センター利用者は土日祝日が多く、週末に休暇を取れなくなってしまった。もう、東京ブルーサンダースは、自身がいなくとも、活動をつづけてゆけるようになっていると、彼は感じていた。練習に参加できないまま監督でいることはできないと、選手たちに辞任の意向を伝えて詫びた。総監督として残ってほしいと選手たちから懇願されたが、練習も見られないのに監督よりも上の立場から口など挟めないと、チームとの関わりを自ら断った。

監督を務めていた頃に幼かった娘と息子は成人し、二人を大学まで通わせて父としての役目を果たした。娘が競泳でジュニアオリンピックの選手となり、息子はバドミントンで高校時代にインターハイに二度も出場した。子どもたちがスポーツをしてくれたことは、スポーツ指導員の彼としては嬉しかった。だが仕事を休めずにその大会をほとんど見てあげることができなかったことは残念ではあった。

子どもたちのこともそうだったが、東京ブルーサンダースの選手たちのことも、仕事に専念しつつも気になっていた。神戸での春の選抜、但馬での秋の選手権、その結果は毎年ホームページで確認し、島田が打ったのか、小川が抑えたのかと、陰ながら一喜一憂していた。

五十五歳のとき、大きな出来事があった。珍しく日曜日に休みがもらえて静岡県浜松《はままつ》市の体育館へ、息子の試合を応援しにいった。八月の猛暑日、閉めきられた体育館内で五時間以上も立ちっぱなしで観戦した。喉が乾ききっていたが飲料の自動販売機はすべてが売切れで脱水症状になり、帰宅後に気分が悪くなってすぐ横になった。

左半身だけが、なぜだか重たく感じられた。もしかしたら脳梗塞ではないかと思い、そのまま眠ってしまいそうなところだったが救急車を呼んだ。半身麻痺の障害者のスポーツ指導に長年携わってきて知識があったことが幸いした。はたして検査結果は脳梗塞であった。閉塞した血栓を溶かして途絶した脳の血流を再開させることが可能な薬剤を静脈内に投与されたた。あのまま眠りに落ちて発症から四時間ほども経ってしまえば、薬剤投与ができなくなって重度の後遺症が残ったか、さもなくば命がなかったとのことであった。

左手の握力が極端に落ちてしまった。選手ではなく監督も辞任していたので、野球との関わりは、すでにないも同然だった。それなのに左手の握力を失ってまず感じたのは、これで、ほんとうに、野球ができなくなってしまうかもしれないという不安だった。

バッティングセンターへ行き、球を打ってみようとした。右手だけでは球に当てることができず、これではノックさえできなくなったことは明白で落胆した。

もはや、時間的なことばかりではなく、身体的にも、東京ブルーサンダースへは、戻れなくなってしまった。

それから五年が経ち、来年で還暦を迎えようとしている。

仕事を定年退職することになり、あれだけ休みたかった週末ばかりではなく、一年、三百六十五日、毎日が、休みのようになってしまう。

「最近ね、ふと、思いだすことがあるんだ」

空いてしまっているビールジョッキを右手で握りしめながら、矢本は独り言のようにいった。

「チームに新たな選手が来てくれたとき、この障害があっても、このポジションならできるんじゃないかと、どんな選手でも、チームの戦力になってもらいたくて、いろいろと真剣に考えていたんだよね。だから、俺自身も、左手が使えなくなってしまったからって、しょんぼりなんか、してしまいたくないなって。なにか、まったく新しい、自分の未来に、挑戦してみたいなって。野球をしたことなんてなかった人が、グラウンドへ飛びこんできたみたいな、挑戦をね」

そこまで語ったとき、自分のチームに入ってきたばかりのときの選手たちのことを彼は思いだしたようだった。

野球ができなくなって3アウトの、身体が不自由になって4アウトの、選手たちを。

そんな懐かしい彼らの名を一人ずつ挙げていき、いま彼らはなにをしているのかを、眼前にいてコーラを飲みおえている新監督の財原に訊《たず》ねてみた。

「さあ、わかりませんね」「最近、顔を出されなくなりましたね」「もう、だいぶまえから来ていませんね」……。

財原によると、矢本の監督時代の選手たちは、もはや一人もおらず、いまなにをしているのかは、不明とのことだった。

「ふうん、そうなんだ……」

少し寂しげな顔をし、しかし、すぐに財原のほうを見ると矢本は微笑んでみせた。

「けどさ、それでいいのかもしれねえな。だって、やつらは、野球でレギュラーになったことで、いまは社会人としてもレギュラーになって、忙しくしているのかもしれねえもんな。障害があることに暗く落ちこんでしまっているより、もう、野球どころじゃないんですよ、仕事や家庭のことで忙しいんですよ、なんて、明るくいってくれたほうが、いいのかもしれねえな」

今日、彼が会いに来た、二十二年後の４アウトたちは、誰もそこにはいなかった。

「それでいいのかもしれねえ」といって微笑んでいる矢本の顔を、じっと財原が見つめていた。


やがて、ことさらに元気よく、矢本は話しだした。

「ブルーサンダースは、財原くんがいれば、まったく心配ないし、俺さ、新しいことを、やってみようかなって」

「野球じゃないスポーツですか、たとえば？」

「ううん。スポーツでも、なくってさ。再雇用されて六十五歳まで働くのも悪くはないんだろうけど、どうせなら、少しでも早く挑戦したほうが、いいかなって。たとえば、蕎麦《そば》打ちとかさ。そんな甘いもんじゃないって、蕎麦打ちしている人からいわれてしまうこともわかるんだけど、いまの自分の心にある、挑戦したい気持、わくわくするような気持、まだまだ捨てたもんじゃねえぞって前向きな気持を、大切にしたいなって。今日、グラウンドへ来てみてよかったよ。あらためて、そんなふうに、思えたから」


一週間後、東京ブルーサンダースは、健常者の社会人チームと、練習試合をした。

もう、そこには、矢本は、やってこなかった。

財原が率いるチームは善戦した。

しかし、初回に失った三点を追いつけず、二対三で敗れた。

青いユニフォームを泥まみれにし、敗戦に肩を落としている選手たちが幾人も、ベンチに座りこんでいた。試合で初安打を放ったという若い選手が、嬉しげに後片付けをしていた。

財原はといえば、なにもいわず、ダッグアウトの外に立ち、そんな選手たちを見守っていた。

ベンチの右隅に、ホワイトボードが立てかけられていた。夕日を浴びて橙色に染まっているそこには、黒いペンで誰かが書いた力強い文字が記されていた。

《全国大会まで
今日を入れて
あと練習４回!!》

あとがき

信じたくない試練《しれん》のような辛苦も、信じられない奇蹟《きせき》のような歓喜もある。突然の病気や事故による底知れぬ喪失感や絶望感に苛《さいな》まれ、薄暗い部屋で踞《うずくま》ってしまうしかないときがある。だが東京ブルーサンダースの選手たちは、精神世界の孤独な闘《たたか》いを経て、眩《まぶ》しいグラウンドへと戻った。仲間たちとともに、白球を投げ、打ち、追い、捕るという生きがいを獲得し、試合で逆境から大逆転勝利した。

本書はマイノリティの努力や身体障害者野球の結果を伝えようとしたものではない。あたりまえの人間が、耐えがたい苦しみや悲しみの絶望から、もういちど、希望へと一歩踏みだそうとするその過程。たとえば、閉ざされた狭い病室で、あるいは、観客のいない小さな球場で、どのような思いで、どのようなことをなそうとしたか、心のありさまを探求した記録である。

これを書きおえることができたのは、多くの方々のご助力による。取材活動にご協力いただいただいた日本身体障害者野球連盟、東京都障害者スポーツ協会、東京ブルーサンダース、神戸コスモス、編集をご担当いただいた中央公論新社の青沼隆彦氏、渡辺千裕氏、菊野令子氏、東山健氏、新潮社の木村達哉氏、企画段階から携わっていただいた神原順子氏に感謝したい。そして、取材に応じていただいたすべての方々に、心から御礼申しあげたい。ありがとうございました。

障害者野球の取材を私が始めてから、早いもので二十六年もの歳月が流れた。当初は大会会場の観客席に誰一人いないことが多かった。いまでは試合がテレビ中継されることもある。本書を原作とする映画化の話もいただいた。障害者野球の魅力や可能性が、スクリーンを通じてさらに多くの人々に伝われればと願っている。映画化実現にご尽力いただいている4アウトプロジェクト実行委員会、日本身体障害者野球連盟、日本プロ野球名球会、関係者各位に御礼申しあげたい。

また、世界身体障害者野球大会名誉顧問の長嶋茂雄氏より推薦文をいただいた。ありがとうございました。長嶋氏はご自身も心原性脳塞栓《のうそくせん》症で闘病されながら、いつの日にかまたキャッチボールをされるのが夢と語っていらした。今後の世界身体障害者野球大会の発展と、長嶋氏のご回復を心よりお祈り申しあげます。

生きている限り、試合はつづいてゆく。

冷酷にも、不合理にも。

東京ブルーサンダースは、結成から二十六年が経ってもなお、敗者でありつづけている。全国大会での優勝はなく、関東大会さえ突破がやっと。

けれども、敗れつづけながら、新たな歓喜を得た彼らは、知っていよう。大切なのは、結果ばかりではないということを。そして、人にできるのは、見えないなにかに三つのアウトを宣されようとも、否定の上に肯定をうちたて、四つめのアウトへと、精いっぱい闘いつづけるしかないということを。

令和五年八月

平山　譲

本書は『4アウト　ある障害者野球チームの挑戦』（二〇〇五年、新潮社刊）に加筆修正を行い、「二十二年後の4アウトたち」「あとがき」を追加したものです。

平山 譲

1968年東京都生まれ。出版社勤務ののち著述に専念。ノンフィクションや実話を基にした物語を数多く手がけ、作品が映画化、ドラマ化、漫画化されており、ベストセラー多数。主な著書に、『ありがとう』『片翼チャンピオン』『還暦少年』(いずれも講談社)、『ファイブ』『魂の箱』『リカバリーショット』(いずれも幻冬舎)、『サッカーボールの音が聞こえる』(新潮社)、『パラリンピックからの贈りもの』『最後のスコアブック』『灰とダイヤモンド』(いずれもPHP研究所)、『中田翔　逃げない心　プロ野球選手という仕事』(主婦と生活社)、『北澤豪のサッカーボールがつなぐ世界の旅』(報知新聞社)などがある。

4《フォー》アウト
――ある障害者野球《しょうがいしゃやきゅう》チームの挑戦《ちょうせん》

2023年8月10日　初版発行

著　者　平《ひら》山《やま》　譲《ゆずる》
発行者　安部順一
発行所　中央公論新社
〒100-8152　東京都千代田区大手町1-7-1
電話　販売 03-5299-1730　編集 03-5299-1740
URL https://www.chuko.co.jp/

DTP　市川真樹子
印　刷　大日本印刷
製　本　小泉製本

Published by CHUOKORON-SHINSHA, INC.
Printed in Japan　ISBN978-4-12-005683-3 C0093